LA FIN DU MONDE,
VOILÀ LE SALUT

Arthur Schopenhauer

La fin du monde, voilà le salut

Entretiens

LE PASSEUR
ÉDITEUR

Dans la série
« Le Passeur Poche »

Céline Anaya Gautier, *Dis, maman, c'est encore loin compostelle ?*

Philippe André, *Robert Schumann, folies et musique*

Guillaume Apollinaire, *Faire l'amour et faire la guerre*

Leonard Appel, *En dialogue avec Christiane Singer*

Bettina von Arnim et Johann Wolfgang von Gœthe, *Le monde n'a pas besoin de savoir que tu m'aimes*

Gilles Babinet, *Big data, penser l'homme et le monde autrement*

Gilles Babinet, *Transformation digitale : l'avènement des plateformes*

Isabelle Barth et Yann-Hervé Martin, *La Manager et le Philosophe*

Pauline Bebe, *Saisir le merveilleux dans l'instant*

Coline Béry, *Adrienne Bolland ou les ailes de la liberté*

Pierre Bonte, *La Belle France*

Linda Bortoletto, *Là où je continuerai d'être*

Gisèle Casadesus, *Cent ans, c'est passé si vite*

Marianne Chaillan, *Game of Thrones, une métaphysique des meurtres*

Marianne Chaillan, *La playlist des philosophes*

(suite en fin d'ouvrage)

www.lepasseur-editeur.com

ISBN : 978-2-36890-809-9

Dans *Par-delà le bien et le mal*, Nietzsche écrit : « J'ai peu à peu découvert que toute grande philosophie jusqu'à ce jour a été la confession de son auteur et (qu'il l'ait ou non voulu ou remarqué) constitue ses mémoires. »

Par cette formulation qui donne une définition du discours philosophique comme discours non pas conceptuel mais expressif, Nietzsche se situe d'emblée à l'origine d'un courant d'interprétation de la philosophie qui, paradoxalement, trouvera sa continuation dans la pensée des néopositivistes et logiciens anglo-saxons. Définissant le philosophe comme un artiste sans talent artistique, Carnap, notamment, refusera au texte philosophique l'appartenance au domaine des jugements vrais ou faux, c'est-à-dire au champ de la vérité, pour lui accorder, tout au contraire, l'étendue du domaine de l'expressivité. Plus proche du travail poétique que du travail conceptuel, la philosophie, pour les logiciens comme pour

Nietzsche, exprime bien plutôt des évaluations, c'est-à-dire des jugements exprimant la personne qui les énonce, que des jugements de fait, c'est-à-dire valides objectivement.

Si tout texte philosophique doit, selon le précepte de Nietzsche, être interprété comme discours à la première personne, interrogé à partir de celui qui l'énonce, il nous semble qu'à cet égard le texte schopenhauerien peut être perçu sous un angle inhabituel. En effet, la philosophie de Schopenhauer pourrait être définie comme expressionniste, lorsqu'elle exprime le caractère, la subjectivité de l'individu qui porte ce nom. Si toute philosophie, ainsi que le dit Nietzsche, à la suite de Rousseau, Hume, voire Descartes, s'enracine dans un tempérament sinon dans un sentiment, celle de Schopenhauer peut être parfois considérée comme exemplaire, exemplaire jusque dans ses contradictions. Car toute philosophie est bien, ainsi que le notait Merleau-Ponty, une philosophie incarnée. Mais son histoire, depuis Platon, atteste que sa constitution est corollaire de la tentative du désir constant de cette incarnation, lutte incessante pour refouler dans l'ombre ses origines, pour effacer ses marques de naissance, son enracinement originel. Ainsi le recours à la biographie pour éclairer la doctrine, au caractère pour éclairer les principes, n'est pas faite dans la perspective d'un réductionnisme de type psychologique, voire psychanalytique. Il faut se contenter simplement de redonner à Schopenhauer ce qui lui appartient : un enracinement existentiel dont il ne s'est pas toujours libéré, qui se fait jour dans certaines zones de sa réflexion et qu'il a souvent refoulé. Car si, au niveau du discours critique, Schopenhauer sera généalogiste, interprétant les philosophies comme expressions de certaines évaluations, s'il refuse à Kant et à Hegel toute innocence, jamais il ne portera ce soupçon généalogiste sur lui-même, s'interprétant lui-même comme il interprète les autres.

Schopenhauer affirme à de nombreuses reprises, notamment dans ses aphorismes sur la sagesse dans la vie, que l'œuvre est inséparable de son sujet : « Le principal est toujours ce qu'un homme est, par conséquent ce qu'il possède en lui-même, car son individualité l'accompagne en tout temps et en tous lieux et teinte de sa nuance tous les événements de sa vie » ou encore « On peut tout oublier excepté soi-même, excepté son propre être. En effet, le caractère est absolument incorrigible. » Et Nietzsche dira à la suite dans les *Considérations intempestives* : « Tout porte témoignage de ce que nous sommes, nos amitiés comme nos haines, notre regard et la pression de notre main, notre mémoire et nos oublis, nos livres et les traits que trace notre plume. »

Schopenhauer souligne d'ailleurs (sans appliquer cette critique à lui-même) le déterminisme du caractère sur nos pensées, nos actes dans l'*Essai sur le libre arbitre*. Pas plus que l'histoire des hommes en général, l'homme singulier n'a le pouvoir d'aller vers un avenir, de connaître des modifications au cours de sa propre histoire. Le caractère est fixé une fois pour toutes : tel il était, tel il sera, tel il a toujours été. S'il n'y a pas de libre arbitre, c'est bien parce que la volonté est entièrement déterminée par le caractère : « Je peux faire ce que je veux : je peux si je veux donner aux pauvres tout ce que je possède et devenir pauvre moi-même – si je veux ! »

Schopenhauer le redit autrement dans les *Parerga* : « La conscience, par exemple, accompagne chaque action de ce commentaire : "Tu pourrais bien agir autrement". La signification réelle est : "Tu pourrais bien être un autre homme". Le caractère est un destin. »

Si l'on veut tenter une analyse de la philosophie de Schopenhauer comme discours expressionniste, il est à remarquer qu'une des zones particulièrement névralgiques de sa personne fut certainement celle de la sexualité. Schopenhauer souffrit toute sa vie d'une libido particulièrement virulente, sa « chienne de sexualité », comme il l'appelait, et ressentait comme une servitude humiliante cet asservissement à des besoins sexuels. Schopenhauer eut une vie de célibataire aux aventures nombreuses et éphémères, entrecoupées de longues périodes de solitude et de frustration où il ressentait avec rage la présence obsédante de cet instinct.

Nietzsche, après avoir lu l'éthique de Schopenhauer où celui-ci fait l'apologie de l'ascétisme, porta le diagnostic suivant : « Il veut être délivré d'une torture[1]. » Réflexion que Schopenhauer accrédite lorsqu'il déclare : « Ma philosophie ne m'a rien apporté mais elle m'a beaucoup épargné[2]. » Cette torture vient expliquer le besoin de rédemption, but ultime de l'éthique schopenhauerienne : mise à distance de la tyrannie du désir, mise entre parenthèses de la pathologie passionnelle. L'ascétisme que prône Schopenhauer masque mal un appétit de revanche exercé à l'égard de la sexualité : « Une chasteté volontaire et parfaite est le premier pas dans la voie de l'ascétisme ou de la négation du vouloir vivre... Son corps sain et fort (il s'agit de l'ascète) exprime par ses organes de reproduction le désir sexuel : mais lui nie la vérité et donne à son corps un démenti... Il foule aux pieds exprès ses désirs[3] ». « Vengeance à l'égard d'un instinct qui n'est pas

1. Frédéric Nietzsche, *Généalogie de la morale*, p. 6.
2. *Aphorisme sur la sagesse dans la vie.*
3. *Le Monde comme volonté et comme représentation*, p. 68.

satisfait[1] », s'écrie encore Nietzsche. Vengeance que Schopenhauer exerce aussi à l'égard des femmes, impliquées en première ligne dans ce cauchemar de la sexualité.

Si l'on parle d'une philosophie schopenhauerienne, il serait tout aussi possible de parler d'un style schopenhauerien, quel que soit le genre utilisé par Schopenhauer lorsqu'il écrit (la philippique, l'invective, la satire, et surtout l'insulte). La langue schopenhauerienne nuance donc toutes les formes d'une agressivité verbale, ce qui traduit chez lui la liaison indissoluble entre pensée et tempérament, qui se manifeste précisément dans le style – puisque le style, ainsi que le disait Buffon, c'est l'homme. Schopenhauer se livrait facilement à des actes hétéro-agressifs (sur sa voisine de palier qu'il boxa généreusement). Il avait l'insulte facile (il en abreuvait copieusement l'amant de sa mère lorsque celui-ci vint habiter sous le toit familial). Il était connu pour ses esclandres dans les lieux publics. La nuit, il dormait pistolets chargés à portée de main. À l'origine de cette agressivité, il y eut sans doute une tension sexuelle mal sublimée qui ne

---

1. « Où l'on voit le regard haineux et mauvais se tourner même contre la beauté et la joie ; tandis que les choses dégénérées, la souffrance, le dommage volontaire, la mutilation, les mortifications sont recherchées à l'égal d'une jouissance », *Généalogie de la morale*, III.

fit qu'aggraver un état d'angoisse permanent. « Si je n'ai rien qui m'angoisse, cela précisément m'angoisse[1]. » C'est pourquoi tout ce qu'on peut apprendre sur la personnalité de Schopenhauer peut éclairer certains aspects de l'œuvre. Mais il est évident que les intuitions géniales de Schopenhauer, surtout celle de la subordination des fonctions intellectuelles aux fonctions affectives (suprématie de la volonté sur les fonctions de représentation) ne doivent rien à la vie personnelle de l'auteur.

Toutefois en ce qui concerne l'intuition du primat de l'affect sur l'idée, on peut remarquer que Schopenhauer fut sensibilisé très tôt aux problèmes psychologiques : son enfance et son adolescence troublées par les dissensions familiales le conduisent à admettre que les rapports humains se fondent sur l'incompréhension ; il est témoin de la dépression puis du suicide de son père. Jeune étudiant en médecine, il fréquente les hôpitaux psychiatriques. Là encore, les rencontres et les circonstances jouèrent un rôle dans l'élaboration de cette intuition schopenhauerienne.

C'est ainsi, tout ce qui touche à la personne de Schopenhauer, ses interviews, ses poèmes (où il confesse ses états d'âme), sa correspondance, ses confessions, nous aident à mieux

---

1. *Sur moi-même.*

cerner certains aspects parfois bizarres de sa personnalité, à mieux saisir certaines zones délirantes de sa pensée, à comprendre la genèse de certaines intuitions. Et c'est pourquoi les interviews et les portraits de Schopenhauer que nous proposons ici sont une source non négligeable de renseignements sur le philosophe. Schopenhauer les accorda alors qu'il connaissait enfin la célébrité. Le philosophe avait attendu longtemps la gloire mais lorsqu'elle survint, il sut avec un art consommé mobiliser ses disciples, donner des interviews, se faire photographier sous toutes les coutures. Il n'était jamais content de ses photographies : « *L'Illustration* de Leipzig m'a fait photographier. Je n'ai pas vu l'épreuve après la pose. On dit que c'est affreux[1]. » Parfois il ne se reconnaissait pas : « Il me vint à l'idée que je ressemblais à Talleyrand[2]. » Seules celles où transparaissait son méphistophélisme avaient le don de le satisfaire : « Le vieux sera étonné et finira par dire : "Cela ne peut être que Schopenhauer ou le diable[3]". » Le problème est le même avec ses portraits : « J'ai une physionomie trop mobile. Il faut que l'artiste sache rendre l'esprit du modèle… La gravure d'après

---

1. Lettre à Becker 1er mars 1858.
2. Lettre à Frauenstaedt 30 octobre 1851.
3. Lettre à Frauenstaedt 12 septembre 1852.

le portrait à l'huile de Corbel est à peu près terminée. J'y ai l'air d'une vieille grenouille[1]. » Seul son buste sculpté par E. Ney lui donne satisfaction : « Le buste a été exposé pendant 15 jours, tout le monde l'a trouvé ressemblant[2]. »

Ce qui lui donnait le plus de plaisir, c'était d'accorder des interviews. Il savait alors avec un art consommé emprunter des attitudes et des poses, distiller des bons mots, ménager ses effets. Son visage et son corps mimaient ses propos avec vivacité. « Le geste, les mouvements du corps, l'expression de sa physionomie accompagnaient sa parole » (K. Baehr). Il jubilait à effrayer ses auditeurs : « Il parlait avec calme, écrit Chalemel-Lacour, en lançant de temps en temps une bouffée de tabac. Ses paroles lentes et monotones qui m'arrivaient à travers le bruit des verres et les éclats de gaieté de nos voisins, me causaient une sorte de malaise, comme si j'eusse senti passer sur moi un souffle glacé à travers la porte du néant[3] » ; se plaisait à les scandaliser par ses propos : « Le génie de l'espèce est un industriel qui ne sait que se reproduire… Les femmes sont des complices. J'ai 70 ans et plus, et si je me félicite d'une chose, c'est d'avoir évité à temps

1. Lettre à Lundner 21 novembre 1859.
2. Lettre 1er mars 1860.
3. Chalemel-Lacour, *Études et réflexions d'un pessimiste.*

le piège de la nature. Voilà pourquoi je ne me suis pas marié[1]. »

Schopenhauer fut un original dont on comprend que bien des biographes se soient amusés à faire le portrait. Son comportement était étrange. Sa vie fut souvent cocasse. Elle fourmille de rencontres, voyages, expériences. On peut lire l'œuvre de Kant sans connaître rien de l'homme. Sa vie n'offre guère d'intérêt. Aucune expérience ne fut décisive pour l'élaboration de sa pensée. Il n'en est pas de même pour Schopenhauer et Nietzsche qui furent des personnages hauts en couleur et qui développèrent leurs réflexions (ou les enrichirent. Schopenhauer élabora son système à 26 ans. Mais il ne cessa de préciser peu à peu son intuition fondamentale) au travers des différentes étapes de leur vie. Chalemel-Lacour, Foucher de Careil, Fauenstedt, Frédéric Morin et d'autres sont allés l'interviewer. Découvrons avec eux ce Schopenhauer familier.

Didier RAYMOND

---

1. Chalemel-Lacour, *ibid.*

PREMIÈRE PARTIE

C. Challemel-Lacour

ANCIEN normalien, il fut agrégé en 1849. Il connut une enfance difficile et pauvre qui le convertit très tôt au pessimisme. « Le taudis paternel, l'opprobre familiale, les duretés d'un internat de pauvres, ces cuisantes humiliations que la misère le plus dignement supportée ne cesse de prodiguer à ses victimes, auraient suffi à convertir en pessimistes de plus robustes que Challemel qui, par surcroît, dut toute sa vie se défendre contre une tuberculose menaçante. » (E. Krakowski, Le Premier Disciple de Schopenhauer en Italie, *15 avril 1932, Mercure d'Italie) Professeur à Limoges, il participa à l'insurrection républicaine et fut arrêté. Il est exilé en Italie. Son pessimisme s'accentue encore : « Tout souffre autour de nous ; nous sommes entourés de châtiments. Toute vie est une expiation ; toute forme étouffe son gémissement. Une même loi pour la nature : vivre et souffrir. » (Rapporté par E. Krakowski.) On croirait lire du Schopenhauer. C'est à cette époque que Challemel-Lacour le rencontre, alors qu'il vient de s'installer à Zurich pour enseigner au Polytechnicum.*

Chaque fois que ses paroles me reviennent à la mémoire, un frisson, que je connais bien, me parcourt de la tête aux pieds, comme si un souffle glacé sortait de la porte entr'ouverte du néant. Je me souvins, lorsque cet homme parlait, du lamentable adieu que Leopardi jetait à sa sœur sur le seuil du mariage ; mais, en ce moment, cet adieu me parut presque joyeux auprès des discours que j'entendais. Oui, Leopardi lui-même aurait soutenu la réalité de l'amour ; il aurait défendu contre les sacrilèges exorcismes de ce vieillard sans pitié l'universelle chimère. Je compris alors que le poète le plus hardi a le cœur timide quand il s'agit de toucher à l'arche suprême, et qu'il faut la main d'un philosophe pour consommer de certaines profanations.

Je n'oublierai jamais la soirée où je fis cette rencontre. C'était dans la brasserie la plus noire de Francfort, où j'errais depuis deux jours, ayant peine à me soustraire aux pensées qui obsèdent un promeneur désœuvré dans cette ville des banquiers et des alchimistes, des juifs et des empereurs, des parlements et des émeutes, de Goethe et de Faust. Je vois encore la salle immense au fond de laquelle nous étions attablés. La lueur des quinquets, suspendus à la muraille, nous arrivait de loin, à travers une sorte de vapeur rougeâtre, chaude et pesante. Cette salle était remplie de monde ; les plaisanteries et les rires des buveurs éclataient autour de nous ; je voyais partout une apparence de gaieté que rendait presque effrayante l'étrange contrainte des pensées sombres qui nous occupaient. Le vieil Allemand, dont le hasard m'avait rapproché et qui, d'ordinaire silencieux, trouvait bon ce jour-là d'essayer sur moi l'enchantement satanique de ses raisonnements, parlait dans ce tapage d'une voix tranquille et basse. Son regard respirait le calme de la certitude, obtenue par une méditation de quarante ans. Sur son front large et transparent brillait la sérénité impassible du juste assoupi dans sa foi. Il n'était ni morose ni enjoué, il semblait n'avoir jamais ni haï ni aimé. Seulement, un bel épagneul couché à ses pieds, la tête sur son genou, ouvrait les yeux de temps en temps pour demander une caresse. Alors le vieil Allemand passait sa main sur le dos du chien avec une affection prodigieusement outrageante pour les hommes.

Ses paroles, interrompues par d'assez longs silences et par des redoublements de bruit, m'arrivant à travers le cliquetis des verres et la fumée des pipes, m'étourdissaient comme de l'absinthe et en même temps me tenaient enchaîné comme par un cauchemar. Je voulais partir ; mais je prenais un poignant intérêt à le voir déchirer un à un tous les voiles. L'anathème, prononcé d'une voix sans émotion, s'étendait peu à peu sur tout ce que j'avais cru et adoré ; il enveloppait de ses cercles toujours grandissants les femmes, le mariage, la nature, l'amour. Le saint des saints était livré à mes regards profanes, et me montrait, à la place du dieu jeune et charmant dont les yeux armés de flèches enflammées embrasent tous les cœurs, un triste automate chargé de pourvoir à la perpétuité de l'espèce.

Je puis dire que je combattis vaillamment ce terrible raisonnement. Je sentais la stupeur me gagner à mesure que je le suivais dans le vide, dont il reculait de plus en plus devant moi les mornes horizons ; elle paralysait peu à peu ma pensée, mais je résistais encore. J'attestais, pour lui prouver la réalité sainte de l'amour, et les dévouements qu'il inspire, et les sublimes métamorphoses qu'il opère dans le plus vulgaire des hommes ; j'en appelais aux aveux qui remplissent les livres et à sa propre histoire. J'évoquais à mon esprit le souvenir des amours que j'avais éprouvées, l'image du pur enthousiasme dont j'avais été témoin.

Je lui demandai, enfin, s'il n'avait jamais observé un jeune homme et une jeune fille mis en présence au moment précis où leurs cœurs soudainement épanouis lancent l'un vers l'autre de chastes effluves, avant que rien encore n'ait terni leur fraîcheur printanière, ni le mensonge, ni le désenchantement, ni l'impertinence, ni la coquetterie. Quel douteur osera dire que ce n'est pas un dieu qui s'éveille en eux ? Dès la première minute, sans s'être regardés, ils se sont vus, considérés, connus jusque dans les nuances les plus cachées. Un frémissement invisible, leur silence, leur voix hésitante, l'embarras charmant de leur attitude, tout dénonce qu'ils sont livrés à une contemplation intérieure profonde. Pourquoi sont-ils tout à coup effrayés et inquiets ? Ils ne sauraient dire eux-mêmes s'ils sont ennemis ou complices, s'ils s'appellent ou s'ils se redoutent, si ce qui les entoure est un rempart salutaire ou un obstacle. Mais une puissance vraiment divine prend possession d'eux en cet instant. Ils obéissent éperdus à une apparition de l'idéal qui les appelle dans une région ignorée. Un dialogue s'élève entre leurs deux cœurs, dialogue sans paroles qu'eux seuls entendent, mais qui enchanterait l'oreille des anges. Du fond de leur âme, qu'un foyer resplendissant inonde de clartés inaccoutumées, monte dans une nuée d'encens une prière incertaine, une aspiration craintive et religieuse à des félicités infinies. L'amour, c'est le ciel.

L'Allemand me répondit :

« L'amour, c'est le mal. Ce trouble, qui vous ravit, ce sérieux, ce silence, c'est une méditation du génie de l'espèce.

« L'adolescent, prêt à mourir pour celle qu'il aime, dont le fier regard n'a que des éclairs généreux, la vierge, qui marche dans sa grâce comme dans une aurore, revêtue d'une beauté *qui fait murmurer entre eux les vieillards comme des cigales* et tomber à genoux tout ce qui porte un cœur d'homme, ce sont deux machines dans les mains de ce génie impérieux.

« Il n'a qu'une pensée, pensée positive et sans poésie, c'est la durée du genre humain. Admirez, si vous le voulez, ses procédés ; mais n'oubliez pas qu'il ne songe qu'à combler les vides, à réparer les brèches, à maintenir l'équilibre entre les provisions et la dépense, à tenir toujours largement peuplée l'étable où la douleur et la mort vont recruter leurs victimes.

« Faites de l'amour un luxe et un passe-temps, et traitez-le en artiste. Le génie de l'espèce est un industriel qui ne veut que produire. C'est pour cela qu'avant de rapprocher les rouages de la machine, il observe si soigneusement leurs propriétés, leurs combinaisons, leurs réactions, leurs antipathies.

« Voilà sa pensée permanente, tous les mouvements de l'individu et de l'humanité ne servent qu'à cela. Hommes et femmes vont, tant que la vieillesse ne les a pas réduits à une existence presque végétale, livrés incessamment à la poursuite infatigable du compagnon qui leur convient. Le passant et la femme inconnue qui échangent un coup d'œil en se coudoyant dans la rue, ceux et celles qui se lorgnent de loin au spectacle, l'homme du peuple qui lève les yeux vers les impératrices, la grande dame dont les regards tombent sur quelque pauvre diable et le trouvent bien fait (vos Françaises en convenaient sans bégueulerie au temps de Mme de Montbazon), tous sont menés par le même instinct, tous obéissent à la même prescription mystérieuse.

« Le soir, quand les femmes passent effarées dans les ténèbres et que je ne sais quelle curiosité d'aventures vous chasse du logis, le matin à l'heure où le sage Fontenelle pensait quelquefois au mariage, la nuit dans vos songes insoumis, cet instinct agit sur vous. Au fond de toutes les affaires et de tous les labeurs cette pensée veille. Le manœuvre travaille des heures et des semaines et des mois, pour être homme de loisir tout un jour et recommencer la recherche vingt fois essayée de l'objet désiré.

« Les moralistes austères maudiront cette concupiscence brutale. Les poètes parleront d'âmes prédestinées et d'attractions inexplicables. Platon racontera que, dans les temps où les hommes étaient androgynes, Jupiter, irrité contre eux, les dédoubla, que, pour rabaisser leur orgueil, il les fendit en deux comme des soles, et que, depuis lors, chacun court après la moitié qu'il a perdue jusqu'à ce qu'il l'ait retrouvée. Mais les poètes sont des songe-creux, les moralistes sont des ânes, et Platon se moque de nous. Les hommes ne sont mus ni par des convoitises dépravées, ni par un attrait divin : ils travaillent sans le savoir pour le génie de l'espèce : ils en sont tout à la fois les courtiers, les instruments et les dupes. Il ne faut pas moins que cette continuelle préoccupation des individus, ce va-et-vient qui multiplie pour eux les rencontres et rapproche les plus éloignés, cette poursuite ardente que les erreurs ou les illusions ne déconcertent pas, ces choix quelquefois bizarres, ce croisement prodigieux des lignées et des races pour que l'humanité subsiste au milieu des dangers qui l'assiègent, guerres, maladies, misères, et qu'elle ne subisse pas, sous l'action de mille causes destructives, un prompt dépérissement ou une dégénération fatale. Ce qui paraît débauche et perte de temps est le moyen nécessaire pour atteindre la fin dont les agitations humaines, l'industrie, la politique et les arts ne font que préparer ou protéger l'accomplissement.

« Gardez-vous de partager l'erreur de ceux qui s'arrêtent aux apparences. J'en conviens, la nature, uniquement attentive à la perpétuité des générations et qui broie les individus comme des atomes, leur cache adroitement son jeu. Elle a l'air de leur avoir ménagé une suprême consolation, et d'avoir mis dans l'amour la compensation plus que suffisante de toutes les douleurs. Pas un seul qui ne soit prêt à la bénir, quand il aime et qu'il est aimé ; elle a un adorateur en chaque amoureux.

« La nature est proclamée, par tous ceux qui aiment, sacrée, bienfaisante, infaillible, au-dessus des lois ; ils lui obéissent avec un fanatisme qui ne connaîtrait ni frein, ni obstacle, si les codes, les religions, l'opinion des sages n'y avaient mis bon ordre. Encore tous ces obstacles, devoir, pudeur, honneur, respect des familles et des droits d'autrui, qui forment autour de chacun de nous un tissu si solide et si serré, ne sont-ils presque toujours que des toiles d'araignées, que l'amour déchire et traverse pour atteindre son but.

« Quand les tortures les plus aiguës que l'homme puisse endurer ont épuisé ses yeux de larmes, brisé, désespéré, plutôt que d'accuser l'amour et d'y renoncer, il accusera l'univers entier ligué contre les amoureux. Il affrontera les injustices de l'opinion, il protestera contre la tyrannie des institutions, il maudira l'égoïsme et la folie des parents. Et, contradiction étrange, si ces amants obstinés encourent pendant leur vie le blâme des gens sages, leur histoire, racontée par les romanciers ou par les poètes tragiques, sera écoutée des plus sévères avec des sanglots.

« Il a fallu, pour connaître le vrai coupable, qu'un indiscret, comme moi, accoutumé aux trahisons de la nature, et qui l'a prise cent fois sur le fait au moment où elle sacrifiait à ses propres vues quelque misérable, éventât ses pièges et vint révéler à tous ses cruels stratagèmes. Nul ne m'a entendu. Vous, écoutez-moi !

« L'amour est pour vous une religion ; vous croyez, en aimant, pratiquer le culte de la beauté, et entrer dans les concerts célestes. Ne vous enivrez pas de mots : non, vous résolvez à votre insu un problème d'harmonies physiologiques, et vous opérez instinctivement la meilleure combinaison possible de qualités relatives dans l'excellence des produits.

« Une bouche souriante, qui vous découvre de belles dents, vous fait rêver tout un jour ; c'est que la beauté des dents, qui joue un rôle si capital dans l'économie comme condition de l'accomplissement des fonctions digestives, est d'ailleurs éminemment héréditaire. Une jambe élégante et un joli pied vous jettent dans de dangereuses émotions ; ne croyez pas que ce soit parce que des jambes de Diane sur des pieds bien faits sont, selon le mot de Jésus Sirach, comme des colonnes d'or sur des bases d'argent : c'est parce que la plus grande petitesse du tarse et du métatarse distingue l'homme et la femme entre tous leurs frères du règne animal. Une bouche fine et l'ovale exquis du visage vous ravissent : c'est que l'étroitesse des mâchoires est caractéristique de la face humaine. Un menton fuyant vous déplaît : c'est que la saillie du menton, *mentum prominiculum*, est un trait exclusif de la race humaine. Je ne dis rien des contrastes de complexion, de tempérament, de taille, de qualités morales, qui seuls empêchent l'humanité de se scinder en quelques légions de nains et de géants, de bruns et de blonds, de sanguins et de nerveux, de natures éthérées et de natures matérielles, destinées à périr par l'effet prolongé de leurs propres imperfections ou à s'exterminer réciproquement.

« C'est une femme, Diotime, qui avait enseigné à Socrate la science de l'amour spirituel ; c'est Socrate, le divin Socrate, qui, pour éterniser à son aise la douleur de la terre, a transmis au monde par ses disciplines cette science funeste. Certes, les femmes ont accompli une chose merveilleuse lorsqu'elles ont spiritualisé l'amour. C'en était fait d'elles et du genre humain. Fatigués de tout souffrir, ne voyant nul moyen de se soustraire jamais, eux ni leurs enfants, aux misères qui les accablaient et que la culture croissante leur rendait chaque jour plus sensibles, les hommes allaient peut-être prendre enfin le chemin du salut en renonçant à l'amour. Les femmes voyaient décliner la puissance de leurs charmes ; elles avaient besoin d'une séduction nouvelle. C'est alors qu'elles se sont adressées à l'intelligence de l'homme et que, tout ce qu'il y a de spirituel dans l'organisation féminine, elles l'ont mis dans le jeu de ce qu'elles appellent l'amour.

« Labourer, chasser, travailler sans relâche pour nourrir leurs femmes et leurs enfants, se disputer par force ou par adresse le peu que donne la terre, administrer la chose publique, se défendre contre deux sortes de bêtes féroces, celles des bois et celles des cités, c'était, sans parler de bien d'autres fléaux presque quotidiens, de quoi remplir la vie des hommes ; ils n'avaient pas besoin d'y joindre les soucis de l'amour ; depuis longtemps, l'étude et les livres, mille curiosités, mille rêveries, mille bagatelles qui les passionnent ont ajouté à leurs travaux des distractions pour lesquelles ils auraient pu cent fois oublier les femmes et la génération. Mais la nature y a pourvu : elle procède avec les femmes par un coup d'éclat, elle réunit en elles, à une certaine heure de la jeunesse, toutes les beautés et tous les enchantements pour attirer violemment les regards distraits des hommes, pour leur inspirer une tentation qui impose silence à toute réflexion et qui les perd. Elle fait la jeune fille que vous m'avez dépeinte, celle pour laquelle les individus se damment et les peuples s'exterminent. Elle lui donne par surcroît la coquetterie, qui relève la beauté, et qui au besoin y supplée.

« Peuple de galantins que vous êtes, dupes innocentes qui croyez, en cultivant l'esprit des femmes, les élever jusqu'à vous, vous ne vous êtes pas encore aperçu, depuis qu'elles sont les reines de vos sociétés, qu'elles ont de l'esprit souvent, du génie par accident, mais de l'intelligence jamais ; ou, si vous voulez, ce qu'elles en ont ressemble à l'intelligence de l'homme comme le soleil, fleur des jardins, ressemble au soleil, roi de la lumière. Les choses intellectuelles ne les intéressent point pour elles-mêmes ; au moment où vous leur parlez sciences, histoire, poésie, beaux-arts, elles ne songent qu'au parti qu'elles en pourront tirer contre vous pour vous retenir, vous asservir, vous enlacer. Le chant et la musique leur servent à cacher leur pauvreté intellectuelle, comme le coton et les baleines à se faire des hanches ou à dissimuler leur indigence de gorge. Sachez-le, elles ne pensent qu'à une chose, elle ne se soucient que d'une chose – se marier ; il n'y a de sérieux pour elles que ce qui leur parle d'amour, le roman et le livre d'heures, le prêtre et le galant.

« Vous devriez regretter l'Orient. Pourvu qu'il pût loger et nourrir ses femmes, l'homme n'avait plus à s'en occuper ; il pouvait combattre, s'exercer aux armes, écouter les sages ; il était à l'abri de cet avilissement qui met un homme de cœur aux pieds d'un oison ; il était libre enfin, parce que plusieurs femmes le garantissaient d'un seul amour.

« Dans nos sociétés monogames, se marier c'est diminuer de moitié ses droits et sa liberté, mais, en revanche, c'est doubler ses devoirs et ses charges. Et quels devoirs ? Depuis que vous avez admis vos femmes à délibérer, le bas intérêt a envahi la maison, toute résolution généreuse y est redoutée comme une criminelle folie. Le soin honteux du bien-être, le plus misérable calcul, la crainte de hasarder avec votre vie la sécurité de la famille, une poltronnerie vous sont imposés comme les obligations les plus sacrées. Bon père, bon époux, c'est-à-dire lâche citoyen, conscience faussée et vénale, intelligence abâtardie, voilà les titres ridicules qui vous servent aujourd'hui d'épitaphe. Vantez les femmes, félicitez-vous de les avoir affranchies : elles ont inventé les mœurs bourgeoises, elles ont fait de vous une race de Chrysales, qui a désappris sous leur joug la pratique de toutes les vertus fortes et qui ne peut plus en entendre le nom sans trembler et sans frémir de plaisir en se remuant douillettement dans ses habitudes de servilité.

« C'est elles qui ont le plus contribué à inoculer au monde moderne la lèpre qui le ronge. Tout homme mentait dès le temps de Salomon : mais alors le mensonge, vice de nature ou caprice du moment, n'était pas encore, comme il l'est devenu pour chacun sous le règne béni des femmes, la nécessité et la loi. Vous vous faites gloire de vous sentir désarmés par leur beauté, par leur faiblesse, par l'adoration que vous professez pour elles. Mais qui résisterait à leurs envahissements, qui pourrait mettre fin à leurs reproches et se soustraire à leur fascination, sans ce moyen naturel et légitime chez elles, honteux pour nous ? Trop débiles de corps et d'esprit pour soutenir par la discussion et par la lutte la place qu'elles ont usurpée, ambitieuses et tyranniques autant que chétives, il faut bien pourtant qu'elles aient une arme. Le lion a les griffes et les dents, le vautour a le bec, l'éléphant et le sanglier les défenses, le taureau les cornes ; la sépia, pour tuer son ennemi ou le fuir, lâche son encre et trouble l'eau : voilà le véritable analogue de la femme. Comme la sépia, elle s'enveloppe de dissimulation et nage à l'aise dans le mensonge. Mais nous, la nature nous a faits indépendants, et lequel d'entre nous peut parler d'indépendance sans qu'une femme, sans que toutes les femmes aient le droit de sourire ? Pour elles, nous jouons du matin au soir la comédie de la politesse, nous affectons des respects dont nous nous moquons entre nous, nous nous taisons sur ce qui nous indigne, nous sourions à ce qui nous déplaît, nous forçons notre bouche aux grimaces, nous feignons des croyances que nous n'avons pas, nous désavouons lâchement nos idées, nous rougissons de n'être pas assez vils ; et le soin le plus cher que la société des femmes inspire à notre tendresse paternelle, c'est d'assurer l'avenir de nos enfants en les instruisant de bonne heure à mentir comme nous. Voilà ce que nous devons aux femmes. Et maintenant, beau défenseur de l'amour, vous ne direz pas que je diminue leur part dans l'œuvre de la civilisation. »

Le philosophe s'arrêta en me regardant, comme s'il attendait une réplique : je n'eus pas l'esprit assez prompt pour la trouver sur-le-champ.

Évidemment, cet Allemand, infidèle aux traditions de l'esprit germanique, n'avait rien conservé de la vénération presque religieuse que ses ancêtres avaient pour les femmes. Une femme qui l'eût entendu aurait dit peut-être que le pauvre homme traduisait ingénument les misères de son ménage, et que, malheureux comme l'ont été une foule d'honnêtes gens et même plus d'un grand génie, Socrate,

Shakespeare, Albrecht Dürer, sa mauvaise humeur était pardonnable, quoiqu'il eût tort de déclarer toutes les femmes des Xantippes. Je dois à la vérité de dire qu'il n'était pas marié et qu'il est mort célibataire à soixante-douze ans. Une autre eût pu dire qu'il n'avait sans doute jamais su se faire aimer et qu'on sentait assez dans ces diatribes contre les femmes la rancune d'un homme qu'elles avaient maltraité. Cela prouverait assurément qu'il avait un mauvais caractère et qu'il manquait de bon sens, car un sage ne se fâche pas pour si peu. Mais je ne saurais affirmer que cette conjecture fût tout à fait fausse. Combien d'hommes, en effet, traînent toute leur vie comme une lourde chaîne le souvenir d'une passion repoussée ou trahie ! Combien de soupirs de vieillards jaillissent des regrets lointains de leur jeunesse, et de souffrances que le temps n'a point assoupies ! Le monde est plein de Pétrarques muets, plus à plaindre que l'amant de Laure, puisqu'ils n'ont point reçu de voix pour exhaler au moins leurs douleurs. Si mon philosophe avait éprouvé jadis quelque infortune pareille, je ne saurais le dire, et son secret est mort avec lui.

Du reste, sans m'interroger sur les causes personnelles qu'il pouvait avoir d'être si sévère, je cherchais une réponse. Avec un peu plus de sang-froid, j'aurais pu le réduire au silence en récitant un des plaidoyers éloquents qui ne manquent pas chez nos écrivains français. Car la chevalerie, qu'on croyait morte, survit encore, Dieu merci, dans notre littérature ; elle n'a fait que changer de nom ; elle a pris, pour défendre les dames persécutées, la plume au lieu de la lance. Hommes d'État, de loisir, professeurs, académiciens, les écrivains les plus graves déploient à les venger un zèle ardent, un intérêt presque personnel. Leur style austère et solennel se fond, quand ils traitent ce sujet, en grâces sucrées, et l'on dirait, à entendre l'énumération qu'ils font des vertus féminines, un chœur de femmes gazouillant des litanies.

Je ne pus que balbutier deux ou trois paroles presque étouffées par l'étonnement qui me tenait à la gorge. Je songeai d'ailleurs que l'attaque du philosophe allemand contre les femmes était celle à laquelle on ne s'était pas jusqu'à présent avisé de répondre, car elle se réduisait à reprocher aux femmes leur connivence obstinée avec la nature pour prolonger la durée et le supplice de l'humanité. Point de vue étrange et nouveau. Selon lui, en effet, les hommes, initiés un jour par leur propre expérience à la philosophie du mal, se seraient enfin aperçus que l'existence est la vraie, l'incurable douleur ; et ils se seraient décidés à couper à sa racine l'arbre maudit au lieu d'en arroser de larmes les tristes rejetons. Il leur aurait suffi pour cela d'une courte abstinence, qui n'était pas au-dessus de leurs forces, pourvu que des distractions philosophiques, déjà toutes préparées, eussent soutenu leur énergie. Mais ils ne pouvaient résister aux femmes liguées, comme dans Aristophane, pour combattre cette résolution et qui ne rêvent sans cesse que pièges, panneaux, gluaux, filets, trébuchets et engins à prendre les maris. Elles réussissent, hélas ! et le philosophe allemand ne pouvait leur pardonner de retarder ainsi le salut définitif.

Il reprit, en effet, après un moment de silence et avec un sérieux qui me frappa, comme s'il allait m'ouvrir cette fois l'abîme de sa pensée :

« Il n'y a de grandes religions que celles qui, au lieu de flatter les rêves de bonheur dont l'homme se berce et de le repaître de promesses fallacieuses, lui ont prêché le renoncement volontaire. Ce sont les seules qui aient connu cette haute vérité que l'âme des choses est le néant. Mais en recommandant la chasteté, elles n'ont pas toujours bien compris ce qui fait de cette vertu la vertu souveraine, ni pourquoi il est si héroïque de résister à la nature. Elles n'y ont vu souvent que le déploiement d'une énergie sans but, le mérite d'obéir à une loi fantasque, de supporter une privation gratuite ; ou bien encore elles ont couronné dans le célibat on ne sait quelle pureté incompréhensible et fait ainsi la partie trop belle aux économistes, aux moralistes, aux Saint-Simoniens, à tous ceux qui revendiquent les droits de la chair et ont pour métier d'enseigner les voies du bonheur. La virginité est belle, non parce qu'elle est un jeûne, mais parce qu'elle est la sagesse, c'est-à-dire parce qu'elle déjoue les embûches de la nature. Le seul bonheur est de ne pas naître.

« Un nouveau-né gisait sans vie dans un berceau : il avait fallu l'arracher avec le forceps du sein maternel, et il était mort au bout d'une heure. La mère, anéantie, pleurait, les amis de la maison pleuraient, les serviteurs pleuraient. Quant au père, il ne put qu'admirer la rare intelligence de cet enfant, qui refusait de venir au monde, et qui, amené contre son gré à la lumière, s'était hâté de la fuir. Ce père était une âme virile, mais aimante et tendre, un grand cœur, un puissant esprit, un sage dont la vie était pleine d'œuvres et le nom entouré de gloire : il s'appelait Lessing. Trouvez-moi, parmi les heureux, un homme, digne de porter ce nom, qui n'ait pas regretté d'avoir vécu. Si vous ne le trouvez pas, ne me demandez point pourquoi je ne me suis pas marié : je me suis abstenu par pitié pour les fils que j'aurais pu avoir.

« Je veux bien pardonner aux ignorants, qui, n'étant pas dans le secret, se marient encore ; mais je ne puis m'empêcher d'être surpris de leur aveuglement. Est-il nécessaire d'avoir vécu longtemps, et faut-il avoir porté très loin l'analyse pour savoir que la vie se compose de mirages, cent fois éprouvés, et qui nous trompent toujours, voilà pour l'avenir ; de souvenirs illusoires que nous gardons précieusement comme un viatique ou de regrets qui nous harcèlent comme une vermine, voilà pour le passé ; puis, entre l'avenir et le passé, d'un point glacé ou brûlant, que nous nous flattons de traverser en un clin d'œil, sans nous apercevoir, hélas ! que nous entraînons ce point avec nous, car le présent c'est nous-mêmes ? Celui-là, certes, a les sens bien obtus, qui ne remarque pas, dès son entrée dans la vie, que tout objet y sent le soufre, que les déguisements qu'y revêtent les choses et les hommes ne sauraient jamais dérober complètement les signes manifestes d'un séjour infernal et d'habitants diaboliques. Le plaisir est une mince pellicule sur un profond dépôt de lie amère : la joie est empoisonnée, les meilleurs sentiments recèlent un ver hideux, la médiocrité est un carême cruel, la gloire un martyre bruyant, l'obscurité un fléau, l'habitude une peste inévitable qui émousse toute volupté, mais qui aiguise et envenime les pointes de la douleur.

« Il est assez inutile que les satisfaits ou ceux qui font bon visage contre mauvaise fortune, viennent nous marchander la quantité de douleur qu'il faut bien en fin de compte reconnaître dans l'univers, et, soit dit sans manquer de respect à notre ami Leibniz, il est plus puéril encore de prendre tant de peine pour en donner quelque explication spirituelle. Qu'ils prennent leurs balances, ces obstinés alchimistes, qu'ils ajustent leurs mesures et qu'ils calculent, à un grain près, s'ils en ont la patience, le peu de mal que laisse subsister cette admirable transmutation du plomb et de l'arsenic en or ; en souffrirai-je moins pour cela ? Bouchez vos oreilles au gémissement qui s'élève à toute heure de tous les coins de la terre, aussi vaste, aussi perçant, aussi continu que le murmure de l'océan ; écartez-vous des prisons et des hôpitaux, des bouges où la misère croupit, des cloaques où la débauche se vautre, accouplée à la faim, et interrogez uniquement, je ne dis pas les riches et les favorisés, mais ceux dont les années se comptent par des vertus ; s'ils affirment qu'ils sont heureux, ils mentent et sont des méchants.

« Des méchants, vous dis-je. Car tant qu'il y aura un être souffrant au monde, car tant qu'on pourra voir un ver de terre brisé se tordre sur le chemin, une mouche tomber surprise par le premier froid, une araignée mourant de faim faute de visites, l'homme, dont la poitrine renferme un cœur, souffrira aussi. La pitié, qui est sa grandeur, sera son supplice ; elle est le retentissement de toutes les douleurs humaines, non de toutes les douleurs possibles dans une âme d'homme, l'identification passagère mais réelle de mon être et de tout ce qui souffre. Sympathie, compassion, commisération, pitié, ces mots, qui sont l'effrayant symbole de la parenté universelle et dont le fond signifie douleur, expriment le seul sentiment peut-être qui rachète l'espèce humaine de la bestialité. Douleur à qui l'éprouve, mais honte et malheur à qui ne le connaît pas ! Les trois règnes crient vengeance contre lui, et les langues ont toutes un mot pour le flétrir, qui est le plus honteux, le plus terrible, le plus mérité des noms infâmes, celui d'égoïsme.

« J'ai plus de soixante ans, et ces cheveux n'ont pas blanchi sans que j'aie pu apprendre combien il faut compter sur la bonté de l'homme. La Rochefoucauld et Spinoza ont eu beau faire, ils ne sont pas parvenus à exagérer la violence féroce de l'amour-propre. Je suis fermement persuadé que, s'il ne restait que deux hommes au monde, le plus fort n'hésiterait pas une minute, à défaut de suif pour frotter ses bottes, à tuer son unique compagnon afin d'en prendre la graisse. Qu'importe ? Le bon Samaritain et le meurtrier n'en sont pas moins condamnés tous deux à recevoir le contre-coup de toutes les souffrances ; vertu chez l'un, fatalité pour l'autre, ce sentiment les poursuit partout, et ils ne s'y dérobent pas même en fuyant au désert et en fermant les yeux à la création.

« Concluez de là, si vous le voulez, que l'homme dont le cœur est bien placé n'achèvera pas le roseau brisé et ne marchera pas sur la mèche encore fumante. Allez plus loin, et tirez-en une doctrine d'énergie de travail, de réciproque dévouement, aussi haute que le stoïcisme antique. Conséquences subalternes et accessoires que celles-là. Le dévouement et le travail transformeront le mal, déplaceront la douleur, mais ils ne l'anéantiront pas. La fin du monde, voilà le salut ; préparer cette fin, voilà l'œuvre du sage et la suprême utilité des existences ascétiques. L'apôtre de la charité, à force d'efforts, d'aumônes, de consolations et de miracles, réussit à grand-peine à sauver de la mort une famille, vouée par ses bienfaits à une longue agonie ; l'ascète, lui, sauve non de la mort, mais de la vie, des générations entières. Il donne un exemple plus contagieux qu'on ne croit, qui aurait déjà sauvé le monde deux ou trois fois. Les femmes ne l'ont pas voulu ; c'est pourquoi je les hais. »

Il continua de parler longtemps encore. La salle où nous étions s'était vidée peu à peu, les garçons dormaient çà et là accoudés aux tables abandonnées ; nous étions restés seuls. Mais soit que la fumée du tabac, dont l'atmosphère était imprégnée, m'eût porté au cerveau, soit que ces discours bizarres eussent fini par m'étourdir, des vertiges inconnus me gagnèrent à mesure que je m'efforçais de suivre cet étrange raisonneur. Il me semblait en l'écoutant que j'étais ballotté par une mer houleuse, sillonnée d'horribles courants, contre lesquels je ne luttais plus ; l'eau me tourbillonnait dans les oreilles, ne comprenant plus les idées qui s'épaissississaient toujours, mais sans cesser de percevoir les paroles elles-mêmes avec une acuité de sensation extraordinaire.

Quand les Allemands sont emportés par un raisonnement, ils vont loin, foulant aux pieds comme des grains de sable les idées admises, les faits, le sens commun. Celui-là disait qu'une première victoire remportée sur la nature serait bientôt suivie d'une victoire plus décisive. Car l'humanité une fois éteinte, ce qui pourrait arriver très vite lorsque la secte ascétique se serait généralisée, les autres espèces animales disparaîtraient également ; et il en donnait des raisons, que je ne saisissais qu'à demi, mais où je me sentais pris néanmoins comme dans les mailles d'un filet ; les efforts que j'ai faits plus d'une fois depuis pour en retrouver quelque chose, ont toujours été vains. Or, dès que l'homme et ces espèces animales auraient cessé d'être, le salut universel serait consommé, le monde n'existerait plus. Car l'existence du monde tient à celle des êtres intelligents ; ce n'est pas eux qui sont dans le monde, mais c'est le monde qui réside en eux. Le monde est un jeu de leur cervelle, une illusion de leur esprit, une fantasmagorie régulière, quelquefois riante, presque toujours horrible, qui s'opère entre les parois de leur crâne. Le songeur anéanti, le cauchemar est dissipé.

Le vieil Allemand n'avait pas changé une seule fois d'attitude, et sa pipe n'était pas éteinte. Cependant Mme Guyon ne décrit pas, dans son livre des *Torrents* (torrents de lave et d'amour en effet !), l'anéantissement de l'âme dans le sein de l'Aimé avec un enthousiasme plus ardent que celui dont ce froid raisonneur était pénétré en parlant de l'évanouissement total des choses. Sa voix, égale et profonde, avait par intervalles un accent de conviction fervente qui se communiquait à moi. Quelquefois ses joues se coloraient soudainement d'une rougeur légère, et lorsqu'il s'interrompait, ce qui arrivait fréquemment, ses regards, qui nageaient dans l'infini, étincelaient et semblaient refléter la splendeur de l'embrasement final.

Néanmoins une protestation involontaire s'élevait en moi, mais je n'osais la faire entendre. Cet homme, qui avait simplement la mine rébarbative d'un vieux pessimiste, s'était peu à peu revêtu à mes yeux d'une majesté de prophète qui m'imposait. Plus brave ou moins ému, un troisième compagnon, qui s'était joint à nous depuis une heure et qui avait jusque-là écouté sans ouvrir la bouche, prit la parole et hasarda le mot de progrès. Le philosophe sourit avec tristesse, puis, après quelques secondes de recueillement, il répondit :

« Le progrès est le rêve du dix-neuvième siècle, comme la résurrection des morts était celui du dixième ; chaque âge a le sien. Quand ce siècle, épuisant ses greniers et ceux du passé, aura formé un entassement de sciences et de richesses, l'homme, en se mesurant à un pareil amas, en sera-t-il moins petit ? Misérables parvenus, enrichis de ce que vous n'avez pas gagné, orgueilleux de ce qui ne vous appartient pas, mendiants insolents qui glanez le champ des premiers inventeurs et qui pillez leurs greniers, comparez, si vous l'osez, vous qui célébrez si ridiculement vos découvertes, comparez donc l'algèbre avec le langage, l'imprimerie avec l'écriture, vos sciences avec les observations et les simples calculs de ceux qui les premiers regardèrent le ciel, vos steamers avec la première barque à laquelle un audacieux mit une voile et un gouvernail ! Que sont vos illustres ingénieurs auprès de ceux qui vous ont donné le feu, la charrue et les métaux ! Vous avez fait de tout cela des présents divins, et vous avez eu raison ; pourquoi donc êtes-vous si arrogants ? Je crois au progrès de la pyramide que vous n'avez pas commencée et que vous n'achèverez pas. Mais le dernier ouvrier, qui s'assoira fièrement sur sa cime, sera-t-il plus grand que celui qui en a posé le premier bloc, plus grand que l'architecte qui en a conçu la pensée et le plan ? Racontez-moi pour la centième fois vos ennuyeuses histoires, et, si les grandeurs passées ne vous suffisent, anticipez l'avenir et ne craignez pas de prophétiser. Variez les changements de scène, multipliez les acteurs, appelez les masses humaines sur le théâtre, inventez, si vous avez l'imagination assez riche, des péripéties. Ces histoires sont comme les drames de Gozzi : les motifs, les incidents changent dans chaque pièce et ne se reproduisent jamais, il est vrai ; mais l'esprit de ces incidents est invariable, la catastrophe prévue, les personnages toujours les mêmes ; voici, en dépit de toutes les expériences et de toutes les corrections, Pantalon toujours aussi lourd et aussi avare, Tartaglia toujours aussi fripon, Brighella toujours aussi lâche, Colombine toujours aussi coquette et aussi perfide. Heureusement ils trouvent un parterre toujours prêt à applaudir la pièce du jour, parce qu'il ne se souvient plus de celle qu'il a vu jouer la veille. Les yeux charmés, la bouche béante, les spectateurs suivent avec ravissement et pleins d'attente le *progrès* des choses jusqu'au dénouement, dont la monotonie les étonne sans les décourager. »

Le vieux philosophe se leva. Je crus remarquer, à un mouvement de ses lèvres presque insensible, qu'il faisait un effort sur lui-même pour comprimer ses pensées, comme s'il en avait que nous ne devions pas entendre, et qu'il poursuivait silencieusement un discours intérieur. Je trouvai cette réserve assez tardive, et je ne voyais pas trop ce qui pouvait le retenir maintenant, après en avoir tant dit. Toujours est-il qu'il s'enfonça brusquement dans une rue obscure, oubliant tout à fait qu'il est d'usage, même entre philosophes qui se séparent en sortant du cabaret, de se souhaiter le bonsoir.

Nous le suivîmes un instant des yeux, assez surpris de ce prompt départ, puis nous nous acheminâmes, mon compagnon et moi, vers notre hôtel. Nous marchions sans parler. Je ressentais quelque chose d'assez semblable à l'étonnement d'un homme qui vient de faire une grande chute et qui se tâte avec inquiétude pour voir s'il n'a rien de brisé. Il y avait en moi, je l'avoue, une corde qui venait de subir un terrible choc ; mon esprit flottait désemparé à travers mille idées contraires ; la croyance, qui m'avait porté jusque-là, chassait sur ses ancres ; mes habitudes intellectuelles étaient en révolte. Peut-être celui qui m'accompagnait ressentait-il les mêmes angoisses, causées par cette brutale négation du premier dogme de la religion politique et philosophique des peuples modernes ; mais il n'en témoignait rien.

Études et réflexions d'un pessimiste
Éd. Charpentier, 1901

Frédéric Morin

Ancien normalien, tente une carrière politique en se présentant comme co-listier d'Ozanam aux élections de la Constituante dans le Rhône. Il échoue, prépare l'agrégation, est reçu et nommé à Nancy en 1849. Il fonde un journal, La Constitution de 1848. *Après un nouvel échec électoral en 1857, il fait un voyage en Italie au cours duquel il rencontre Schopenhauer.*

L'homme le plus étonnant que j'aie jamais rencontré en Italie est, sans aucun doute, Arthur Schopenhauer. C'était en 1858. Il venait d'atteindre le sommet de sa gloire. Tout le monde m'en avait parlé à Heidelberg, à Weimar, à Iéna, à Berlin, à Halle. J'avais eu entre les mains ses livres étranges et puissants où une polémique pleine d'éloquence, d'humour et souvent de bon sens supérieur, aboutit, par de brusques pentes, aux rêveries les plus excentriques. Je savais qu'il avait été la hache brillante, terrible, brutale parfois de l'hégélianisme, comme M. Proudhon a été chez nous celle du saint-simonisme. Je résolus de ne pas rentrer en Italie sans voir le dernier survivant des grandes batailles de la pensée allemande.

Par une belle journée de mars, et après m'être fait annoncer par un ami commun, je me présentai chez lui, à Francfort. Il demeurait, non point dans l'une des rues tortueuses et rudes de la ville, mais, en vue du Mein, sur le quai de Schône-Aussicht ; et rien qu'à voir la maison qu'il s'était choisie, on reconnaissait bien vite que l'âpre méditatif était, par certains côtés de son caractère, un bon bourgeois comprenant et calculant la vie. Une vieille servante, à l'air rogue, accompagnée d'un barbet morose, m'introduisit dans un cabinet de travail vaste, bien aéré, bien aménagé, tout brillant de propreté et de soleil. Un buste de Goethe planait sur une belle bibliothèque. Schopenhauer entra quelques minutes après, en me tendant la main d'un air affable, mais en dardant sur moi le regard perçant et un peu inquiet de son œil gris. Ses soixante-huit ans étaient largement écrits sur sa figure vive, mobile, mais ridée et sèche ; et le frémissement contenu de sa lèvre, tout ensemble arquée et pincée par un éternel sourire de moquerie, lui aurait donné une physionomie de Méphistophélès aristocratique, si son grand front d'un modelé très pur n'avait été empreint, non seulement de bienveillance, mais même de candeur. Il tenait à la main la lettre de notre ami commun, et la conversation suivante s'engagea entre nous :

SCHOPENHAUER

Ah ! ah ! vous avez visité les universités allemandes ! Les Français se ressemblent tous : ils croient à l'Allemagne de la *Revue des Deux-Mondes*. Je parie que vous prenez au sérieux la philosophie hégélienne.

MOI

Je n'adhère pas à cette philosophie, mais j'y vois une manifestation puissante de la pensée humaine, et j'estime même qu'elle laissera derrière elle en mourant certaines théories qui seront immortelles.

SCHOPENHAUER

Non, non, il ne restera rien, absolument rien de Hegel, parce qu'il n'a pas pensé, mais jonglé avec des formules. Hegel, un philosophe puissant ! Sachez d'abord qu'il n'y a eu dans le monde que trois philosophes qui méritent cette épithète : Bouddha, Platon et Kant. Mais lui, il ne mérite pas même d'être rangé dans la classe des *Dii Minores* de la philosophie. Oui, c'est moi, vieil Allemand, qui vous l'affirme, il y a plus de métaphysique vraie dans un seul vers de Lamartine, que dis-je, dans une plaisanterie de votre Chamfort, que dans toute la *Phénoménologie*, y compris les lourds commentaires de Michelet et de Rosenkranz. Voyons, de bonne foi, à quoi a-t-il abouti, avec tout son appareil pédantesque et déclamateur ? À mettre à la place du bon sens, qui est fils du caractère et père de la lumière, je ne sais quel culte glacé et inintelligible d'un Grand Pan progressif qui se démène comme un diable sous la logique essoufflée de l'*être*, du *non-être* et de l'*avenir*, et qui n'est bon, dans la course fatigante et stérile auquel son inventeur le condamne, qu'à singer les écureuils et à faire rêver les cochers de fiacre. Hegel, trouvant un Dieu qui se cherche lui-même ! *Risum teneatis, amici !* Ce n'est pas sur cette conclusion que vous l'admirez ? Fort bien ; mais le système sur lequel elle se dresse comme une coupole monstrueuse est bien plus monstrueux encore ; car enfin il y a un certain panthéisme qui peut l'avouer. Quand on creuse un peu la philosophie, il faut bien arriver au grand abîme, à l'unité de substance. Mais cette unité, où l'a-t-il cherchée ? Il l'a cherchée, en vrai maître d'école qu'il était, dans les concepts vides de la pensée, dans les vaines représentations de l'esprit, parce qu'il n'était pas en état de comprendre que l'esprit n'est qu'une faculté inférieure de l'âme ou plutôt le fruit hybride du cerveau, la bulle de savon qui se dégage de nos sensations, monte dans l'azur, se fait admirer des enfants, puis éclate entre leurs mains. Ne croyez pas cependant, Monsieur, que je sois un disciple complet de Condillac. Non, mais je pense que le monde ne se révèle que dans la volonté ou, si vous voulez, dans le cœur de l'homme de bien, de l'homme de sacrifice. Le monde vu dans cette prétendue raison dont on fait tant de mystère, et qui n'est qu'un billet de change tiré sur les humbles perceptions des sens, le monde vu dans l'esprit et par l'esprit, n'est que l'ombre capricieuse projetée par ces perceptions, un reflet de nos fantaisies, la *maïa* de l'Inde, une saturnale d'apparences au milieu desquelles on fait danser le principe de causalité, comme le balai magique de la légende, une immense arabesque que l'on dessine, que l'on construit au gré de son caprice. La construction de cette arabesque peut être une œuvre d'art, ce n'est pas une œuvre de science. Hegel n'est donc ni un penseur, ni un philosophe, pas même un sophiste ; je permets seulement à tous les cuistres des universités allemandes de l'appeler un artiste, pourvu qu'ils ajoutent que c'est un artiste de la dernière espèce et l'avant-dernier de son espèce : après lui, il y a son disciple, M. Rosenkranz.

MOI

Et les autres ?

SCHOPENHAUER

Les autres n'existent pas.

MOI

J'ai peine à vous comprendre. Quoi ! une doctrine, la doctrine hégélienne, se lève, voici plus de cinquante ans, au milieu des applaudissements d'une jeunesse d'élite, car sans doute vous ne refuserez pas ce titre à cette forte génération qui était descendue dans les profondeurs de Kant, qui avait comparé Fichte, Schelling, Jacob, qui avait chanté et manié l'épée de Kœrner, qui avait vécu, pensé, senti des sentiments, des idées, de la vie de Schiller et de Goethe ! Eh bien ! toute cette génération privilégiée et vigoureuse a regardé l'hégélianisme comme un immense système, système contestable et même pernicieux, suivant les uns, admirable de vérité et de lumière suivant les autres, mais, suivant tous, œuvre de génie, doctrine de premier ordre. Bien plus, cette doctrine n'a pas seulement obtenu la rare fortune de subjuguer l'Allemagne à l'une de ses plus brillantes époques intellectuelles, elle a envahi la Italie, l'Italie, l'Amérique, même l'Angleterre ; elle a eu des représentants plus ou moins illustres dans tout l'univers civilisé ; elle en a eu pendant plus de quarante ans, et vous me dites : Elle n'a jamais été que néant ! Dites-moi, si vous voulez, qu'elle est mourante aujourd'hui, dites-Allemagne qu'elle est morte et qu'elle ne méritait pas de vivre ! Dites-moi que vous l'avez tuée en combat singulier, mais ne niez point qu'elle ait vécu. Un pur fantôme ne remue pas les intelligences et les peuples d'un bout à l'autre de l'univers durant un demi-siècle.

SCHOPENHAUER

Vous êtes jeune, cher Monsieur, et vous ne savez pas encore qu'il en est des mauvaises philosophies comme des mauvais gouvernements ; on les acclame en raison même de leurs vices. Le pire gouvernement est celui dont on est forcé de dire du bien.

MOI

Très bien ! mais un gouvernement s'impose, et une philosophie se propose. Hegel n'avait pas, comme Néron, des licteurs pour se faire applaudir de force. Encore une fois, expliquez-moi son succès si universel et si prodigieux.

SCHOPENHAUER

Rien de plus aisé. Je l'explique par un conte espagnol que j'ai lu toujours avec un infini plaisir comme l'apologue le plus complet de l'imbécillité humaine, et que je vous prie de méditer pour vous convaincre que le succès, même en philosophie, a presque toujours tort.

MOI

Et la gloire ?

SCHOPENHAUER

La gloire, c'est le bruit de la vie, et la vie est la grande parodie de la volonté, c'est-à-dire, quelque chose qui est encore plus menteur que l'homme. Mais venons à mon apologue.

Un beau jour, un charlatan (de Berlin ou de Paris, le conteur ne le dit point) se trouva fort dépourvu. Ses pitres avaient détalé ; les animaux les plus curieux de sa ménagerie étaient morts : il ne lui restait qu'un pauvre âne boiteux. Mais notre homme, qui avait voyagé, pensa, non sans quelque raison, qu'avec des mots et son baudet, il tromperait assez le public pour lui plaire. Il se mit donc devant sa baraque, et cria : « Entrez, Mesdames et Messieurs, entrez sous cette tente sans pareille ! Vous y verrez un des plus beaux aigles que le monde ait déjà contemplés, un aigle étonnant, le plus miraculeux de tous les aigles, car il a reçu du ciel ce privilège inouï que ses attributs d'aigle, invisibles pour le vulgaire imbécile, sont au contraire très apparents pour les gens d'esprit. » La foule curieuse se précipite, et se trouve d'abord légèrement surprise de se trouver en présence du moins intelligent des quadrupèdes. Mais, comme on lui a persuadé que tous les gens d'esprit doivent voir l'oiseau de Jupiter, chacun croit prouver qu'il est du nombre, en se récriant d'admiration ; on finit même par se le persuader un peu. L'enthousiasme est à son comble. Alors le charlatan, s'adressant à l'assemblée : « Les sots ne peuvent apercevoir sur le corps de ce noble animal que les poils qui grisonnent, mais les gens éclairés doivent discerner au contraire de magnifiques plumes fauves ; les discernez-vous bien ? » – « Oui, oui ! » s'écrient cent voix. – « Jouissez-vous du spectacle de ces puissantes serres qu'il n'est pas donné à la multitude de contempler ? » – « Parfaitement. » – « N'est-il pas incontestable pour toute l'honorable compagnie que ce superbe animal a des ailes d'une immense envergure ? » – « Incontestable ! » Cependant il y avait dans l'assistance un homme de sens qui regardait alternativement le baudet, le charlatan et la foule. Tout d'un coup il se prit à dire : « Je veux bien, si vous y tenez, que votre bête ait des ailes, mais il faut avouer qu'elles sont bien petites. » Aussitôt tout le monde d'éclater en un formidable bravo. Le charme était rompu et le charlatan fut ignominieusement chassé de la ville. Comprenez-vous ?

MOI

Je crois comprendre, mais continuez.

SCHOPENHAUER

Eh bien ! l'histoire que je viens de vous conter, c'est précisément celle de votre Hegel et de Schopenhauer. Hegel n'est qu'un charlatan réussi qui a dû son succès à une ruse toute politique. Il avait enseigné dix ans sans obtenir la moindre renommée dans cette pauvre Allemagne où tout professeur devient si vite une gloire. Alors, de désespoir, le pauvre maître d'école méconnu imagina de faire une théorie de l'État-machine, de l'État prussien. Après la revanche de l'État prussien, en 1815, les ministres de Berlin furent enchantés de trouver sous la main un docteur qui donnait une base ontologique, incompréhensible et par conséquent trois fois sacrée, à toutes leurs petites scélératesses. La *Tugenbund* grondait ; les populations allemandes, déçues, se posaient des problèmes inquiétants sur l'origine et les limites du pouvoir. N'était-ce pas une aubaine excellente que de rencontrer juste à point un pédagogue, devenu philosophe, qui faisait de la bureaucratie immobile une manifestation du Grand Pan progressif ? Les ministres allèrent donc en grande pompe aux cours ténébreusement serviles de Hegel. Naturellement un exemple si auguste fut suivi à outrance par les chefs de division, par les chefs et sous-chefs de bureau, par les conseillers intimes, par les hauts titulaires de la police, par tout ce qui avait grade, titre, emploi, pension, et finalement par tous les bourgeois naïfs et rogues de Berlin. Voilà le secret bien simple des abominables triomphes de l'hégélianisme. Le charlatan de la métaphysique avait eu pour complices intéressés les charlatans de la politique. Quant à moi, j'ai été l'intrépide qui s'écrie : « Non, ce n'est pas un aigle que vous voyez là, regardez ses oreilles. » Et aujourd'hui, je vous prie, qu'est devenue cette philosophie de l'adulation universelle destinée à rallier aux ministres tous les boutiquiers de la Prusse ? Où sont ses disciples dans la jeunesse ? On m'a assuré que, dans tout Berlin, il n'y a plus, sauf deux ou trois cuistres de l'Université, qu'une personne qui admire et lise Hegel : c'est le barbier d'*Unter den Linden*.

MOI

J'aurais mauvaise grâce à défendre Hegel devant celui qui a si fort contribué à la ruine de ses vastes théories. Je reconnais qu'elles ne recrutent plus guère de partisans dans les générations qui arrivent à la vie et qui les trouvent désormais stériles. Mais estimez-vous que ces réactions violentes contre des doctrines hier encore prépondérantes soient toujours équitables et qu'il soit légitime de s'y rallier sans examen ? Si nous prenons pour juges ces générations nouvelles dont vous invoquez le témoignage avec tant de complaisance, ne craignez-vous pas qu'elles ne soient disposées en général à condamner, bien plus à dédaigner non seulement Hegel, mais toute métaphysique, mais toute philosophie, y compris la vôtre ?

SCHOPENHAUER

Erreur, mon cher Monsieur, double erreur ! D'abord, vous avez dû entendre discuter à peu près partout la proposition fondamentale de ma philosophie, à savoir que « le monde est une volonté énorme qui fait irruption dans la vie ». Vous me faites signe que je ne me trompe pas. J'en étais sûr. Tenez, c'était hier ma fête. Voyez quelle charmante bimbeloterie de souvenirs m'a été envoyée, à cette occasion, de tous les recoins de l'Allemagne, voire même de cet affreux pays, pourri par les bureaucrates et par l'Université, qu'on appelle la Prusse. Ce beau vase de vermeil m'arrive en droite ligne de Berlin. Ne dirait-on pas un saint ciboire où je pourrais communier avec Bouddha ? Je vous le dis en toute naïveté, il y a de par le monde de bonnes gens qui désirent ma mort… pour pouvoir me canoniser ; et, n'était la police du cimetière, je ne garantirais pas que l'on ne fît des reliques avec mes vieux os.

MOI

Ces reliques-là en vaudraient bien d'autres. Cependant, si vous me permettez de vous parler avec une franchise philosophique qui n'offense jamais les sages, je vous avouerai que j'ai trouvé beaucoup de curiosité à l'endroit de vos doctrines, mais que je n'ai vu de passions bien ardentes qu'autour des études spéciales et principalement des études physiologiques.

SCHOPENHAUER

Tant mieux ! c'est ce qui prouve que je triompherai. Il faut que l'Allemagne comprenne Bichat pour me comprendre. La métaphysique semble mourir aujourd'hui ; elle ne meurt pas, car rien ne meurt, la naissance et la mort n'étant qu'une illusion comme la vie elle-même : elle ne meurt pas, elle mue. La vraie métaphysique, celle que j'ai entrevue en sondant les abîmes de la liberté absolue, c'est-à-dire de la liberté qui plane au-dessus de toute causalité, c'est le lien de l'expérience interne et de l'expérience externe, c'est le sentiment profond de cette volonté indivisible, indéfectible, immuable qui se perçoit elle-même dans l'homme, quand l'homme lui-même se désintéresse du vain tourbillon des causes et des effets, et qui est aussi le *substratum*, deviné par votre esprit, de tous les phénomènes physiques et physiologiques. Il faut donc que les sciences expérimentales aient leur jour pour que ma philosophie ait le sien.

MOI

Il y a peut-être plus de Hegel que vous ne pensez dans vos propres doctrines, vous raisonnez sur la volonté à peu près comme il raisonne sur l'esprit ; et il me semble que votre système a pour première assise la doctrine métaphysique de Leibniz, la doctrine de la Force, et pour coupole un panthéisme qui ne diffère pas essentiellement de celui que vous critiquez.

SCHOPENHAUER

De grâce, cher Monsieur, ne me comparez pas à Hegel, sous ce vain prétexte que nous sommes tous deux panthéistes. Au fond, je ne suis pas panthéiste, je suis bouddhiste ; dans tous les cas, Hegel n'est que le panthéiste de l'intelligence, c'est-à-dire du vide ; je suis, moi, le panthéiste du cœur, c'est-à-dire le philosophe de l'être véritable, de l'être plein et intégral. Quant à Leibniz, j'avoue mes rapports avec lui ; la philosophie de la force est l'antécédent de ma philosophie de la volonté : la volonté, c'est la force vue là où se révèle toute force, dans le fond tranquille et éternellement lumineux de notre âme. Seulement, si j'accorde au prédécesseur éminent de Kant sa notion de la substance, je ne lui accorde rien de plus ; et surtout son optimisme me fait horreur.

MOI

Remarquez pourtant que l'optimisme est la conséquence très directe du principe de la raison suffisante, et que, dans le système de Leibniz, l'idée de raison suffisante et l'idée de force ne sont qu'une seule et même idée.

SHOPENHAUER

Vous saisissez parfaitement la liaison intime des diverses théories qui constituent le système de Leibniz ; mais ce que vous venez de dire ne prouve qu'une chose, c'est que l'optimisme n'est pas un vain détail, une superfétation insignifiante dans ce système ; il en est l'expression souveraine, et c'est pourquoi il y a une absolue différence, au fond, malgré quelques vues communes entre Leibniz, qui est essentiellement optimiste, et moi, qui m'honore d'être essentiellement pessimiste.

MOI

Vous en voulez donc beaucoup à l'homme ?

SCHOPENHAUER

À l'homme, non, mais à la vie. Je suis pessimiste, je ne suis pas misanthrope ; au contraire, j'ai voué toute ma haine à l'optimisme, parce qu'il déshonore et énerve l'homme, en lui persuadant qu'il n'y a pas de mal à combattre, que tout est justifiable, légitime, nécessaire, tout, excepté l'effort, qui est le commencement de la vertu, et le sacrifice, qui en est la consécration. L'homme, comme vous le disiez tantôt, est surtout médiocre ; mais remarquez qu'il lui suffit d'être faible, de se laisser aller aux influences extérieures, de céder à la vie, en un mot, pour qu'il s'enfonce dans la sombre région du mal. Donc, la vie, c'est le mal. La vie, c'est le voile qui cache l'être ; c'est le poids qui entraîne la volonté ! La vie, c'est la déchéance, c'est le grand péché originel ! Un être tant soit peu meilleur que l'homme ne pourrait un seul instant en tolérer les misères, les ombres, les petitesses infâmes. Aristote a écrit ceci : « La nature n'est pas divine, elle est démoniaque. » Ce que nous pourrions traduire ainsi, nous autres : « L'enfer, c'est le monde. » Ah ! les vieux fakirs saintement immobiles de l'Inde le savaient bien, et les moines adorablement implacables du Moyen Âge ne l'ignoraient pas. Ceux-ci détestaient si énergiquement la vie que la morale se résumait à leurs yeux dans un seul mot : mortification. Les autres faisaient mieux encore : ils vivaient comme ne vivant point dans la méditation tranquille et silencieuse du Nirvâna, c'est-à-dire dans l'extase de l'anéantissement !

MOI

Je comprends à présent pourquoi vous avez si souvent célébré le bouddhisme et le christianisme.

SCHOPENHAUER

Oui, le bouddhisme et le christianisme sont les deux seules religions vraiment religieuses de l'humanité, car tous deux ont glorifié le culte de la douleur, car tous deux ont les saintes amertumes, car tous deux proposent des dogmes qui font frissonner toute chair vivante ! Aujourd'hui sans doute des néo-chrétiens fades, envahis par l'esprit bourgeois et efféminé du siècle, grattent comme une rouille cette vieille couleur sacrée d'un culte de sacrifice, pour en faire une misérable dévotion d'amour ; ils renoncent à tout ce qui est terrible et profond, à la prédestination, à la grâce, au caractère diabolique des choses ; ils se séparent de ce grand Luther effaré, qui, même en rêve, luttait encore contre l'ange du mal ; il leur faut des mignardises bigotes et un ciel doucereux, où l'on arrive par des chemins faciles. Ah ! les corrupteurs ! combien de consciences n'ont-ils pas énervées avec leurs béates idylles ! Ils ont tout perdu autour d'eux, parce qu'ils se sont laissé perdre eux-mêmes, non seulement par la fausse mansuétude de nos temps amollis, mais encore par un livre essentiellement fatal, par le livre de la suprême erreur, par le livre des Juifs. Les Juifs ! maudits soient-ils ! ils sont pires encore que les hégéliens !

Schopenhauer avait prononcé ces derniers mots avec un accent tout particulier et qui attira vivement mon attention. Une grimace presque sauvage plissait son large front. Je ne pus m'empêcher de sourire un peu d'une si étrange sortie, et je me hasardai à lui dire : « Il paraît qu'ici les philosophes sont comme les bourgeois ; ils n'aiment pas les israélites. » – Ce mot mit le comble à son exaspération : « Ils n'aiment pas les israélites, dites-vous, et ils ont mille fois raison ! C'est Moïse qui a écrit cette phrase partout répétée depuis lui, que Dieu, après la création, jeta un regard sur ce monde, et trouva que tout y était bien. *Panta ta kala*. Ah ! le vieux bon Dieu de Moïse n'était certes pas difficile ! » Et il se mit à arpenter son cabinet, dans sa grande robe de chambre, en murmurant à travers ses dents serrées : « *Panta kala* ! *Panta kala* ! » Puis, se tournant vis-à-vis de moi et étendant la main avec un geste qui me sommait de répondre :

« Voyons ! vous avez trente ans au moins ; vous avez traversé les événements et les hommes au milieu des soubresauts de la Italie ; vous avez vu des hégéliens ; vous avez subi la vie : eh bien ! la main sur le cœur, dites-moi si ce *Panta kala* ne vous semble pas une atroce plaisanterie. Voyons, suivant vous, le monde, avec tous ses ingrédients, est-il beau ? L'homme est-il beau ? répondez sans phrases ; répondez oui ou non. »

MOI

Je réponds oui, sans phrase ; oui, il est beau, car il peut le devenir. Sans doute, si l'on ne considère que les choses présentes, on trouve en haut de l'échelle quelques rares et éclatantes vertus ; en bas des perversités abominables : entre les deux, quelque chose d'indéterminé, d'immense, de flottant, qui ne mérite pas de nom. Mais ce quelque chose d'indéterminé, cette masse énorme et qui n'a aucun caractère propre, parce qu'elle peut tous les revêtir, c'est l'argile intelligente et morale que nous avons, nous autres philosophes, savants, politiques, à sculpter sur le modèle de l'éternelle justice. En ce qui me concerne, je ne justifie point les crimes et les faiblesses, sous prétexte que le progrès y trouve son compte ; j'ai plus d'une fois maudit certaines choses de mon siècle ; mais je vois déjà poindre dans un avenir certain l'image de l'humanité transformée et, pour ainsi dire, créée de nouveau par ce qu'il y a en elle de meilleur ; et, à ce titre, je dis qu'il vaut la peine que l'on vive pour elle ; et, à ce titre encore, je sens que l'existence humaine a sa beauté, puisqu'elle a ses devoirs.

SCHOPENHAUER

Ah ! ah ! je vois que vous êtes, comme on dit chez vous, un homme de 89 ; que vous croyez naïvement aux révolutions populaires : nous aurons quelque peine à nous entendre. Votre révolution a eu des élans sublimes, et c'est pour cela surtout qu'elle a avorté ; celle que nous avons tentée, ici même, il y a dix ans, était assez bête, assez bourgeoise, je pense, pour réussir, et cependant elle est devenue ce que vous savez ; tout le monde s'en est moqué, même M. de Manteuffel. Le tempérament moral des individus ne change jamais ; comment celui des peuples se transformerait-il ? Mais laissons de côté des espérances humanitaires qui ont l'avantage de vous donner un motif de vivre, et venons à quelque chose de plus sérieux. Pensez-vous avec Leibniz que le monde réel est le meilleur des mondes possibles ?

MOI

J'ai déjà bien de la peine à connaître tant soit peu le monde réel, et je n'ai pas l'honneur de connaître les mondes possibles. Donc je ne puis savoir si nous occupons, dans leur hiérarchie, la première ou la deuxième place, ni même s'ils forment une hiérarchie ou plutôt une échelle comme l'a rêvée Leibniz. Je ne suis ni optimiste, ni pessimiste ; j'ignore.

SCHOPENHAUER

Eh bien ! moi, je suis plus avancé ou moins sceptique que vous, et je déclare formellement que notre monde est le plus mauvais des mondes possibles.

MOI

Et vos preuves, s'il vous plaît ?

SCHOPENHAUER

Vous croyez m'embarrasser ? Nullement, j'ai entre les mains un argument sans réplique. Regardez à cette fenêtre, là, sur le quai. Vous voyez passer ces bourgeois affairés, ces ouvriers courbés sous leurs instruments ; dites-moi ce que tous ces gens-là roulent au fond de leur esprit obscur ! Vous trouvez que ma question est bien complexe. Eh ! mon Dieu ! non. Vous le savez aussi bien que moi, le souci qui mène tous ces gens-là, le souci qui les pousse au travail dès le matin, et qui les y enchaîne encore au crépuscule, le souci qui tenaille sans cesse le cerveau… de ceux qui en ont, c'est tout simplement, tout prosaïquement, le souci de vivre. Oui, c'est pour un morceau de pain que tous ou presque tous usent leurs forces, épuisent la sève de leurs facultés. Ah ! vous me parliez tout à l'heure de je ne sais quelle recherche sublime d'un but suprême de justice et de liberté ! Enfant, laissez-moi vous donner ce nom, puisque je pourrais être votre aïeul, enfant, il s'agit bien de cette question parmi les hommes ! La question universelle, la question inexorable qui se dresse devant eux de toutes parts est celle-ci : « Comment me nourrirai-je, moi et les miens ? »

Science, politique, industrie, agriculture, guerre, diplomatie, tout se rapporte de près ou de loin à ce but à la fois vulgaire et terrible de la nutrition, j'ai presque dit, de la mastication. L'humanité par ses millions de bras, aidés de millions d'engins, lutte à toutes les heures, sous tous les soleils, contre la nature rebelle pour lui arracher... quoi ? une pâture qui ne suffit qu'à grand-peine et d'une façon misérable, à la moitié de l'espèce. Puis, quand elle est là, cette pâture, le grand troupeau se précipite avide, éperdu, furieux, chacun menaçant du croc son voisin trop pressé. – « À moi ce lambeau, car il faut que je mange ! » hurle chaque nation, et voilà la guerre, la guerre, fille du besoin, éternelle comme la famine ; et, au sein de chaque nation, les provinces, les classes, les villes, les familles, sollicitées par le même aiguillon brutal du ventre, – *malesuada fames !* – voudraient se ruer, à l'instar des nations, les unes sur les autres, et, ne pouvant se tuer ouvertement, de haute lutte, s'assassinent, pour ainsi dire secrètement, par une exploitation réciproque où chacun cherche à vivre de la substance même de son semblable. « Et il y en a parmi eux, dit l'Écriture, qui dévorent les hommes comme on dévore du pain. »

Prenez maintenant le règne animal, vous y trouverez la même loi effrayante. L'existence de la bête est tout entière dans ces quatre choses : tuer, manger, digérer et dormir. Dormir, c'est-à-dire réparer ses forces de la veille pour tuer le lendemain. Quant à la plante – malgré son apparente candeur –, c'est bien pire encore. Elle ne se déplace pas, elle n'a pas de sens à exercer ; elle consomme toujours, elle mange, c'est-à-dire elle détruit incessamment, car elle n'a qu'une seule fonction, une fonction où elle s'épuise, celle de la nutrition, la reproduction étant au fond une forme de la nutrition.

Et ne croyez pas, mon cher Monsieur, que je vous dis tout cela en façon d'élégie. Je constate l'universelle exploitation, l'exploitation armée de tous par chacun et de chacun par tous, mais je ne déclame point contre elle ; encore une fois, elle est une suite inflexible de la nature des choses. Toutes les espèces animales et végétales, y compris l'espèce humaine, sont tellement dénuées des moyens de se suffire à elles-mêmes, elles sont condamnées à un tel désir et à une telle difficulté de vivre, que chaque être lutte forcément, pour arracher à autrui, de la griffe ou de la dent, son lambeau de vie : ce n'est pas seulement l'homme qui guerroie contre l'homme et la bête contre la bête. Non, dans la forêt tranquille qui paraît rêver à l'écart, dans la prairie qui réjouit le regard du poète, tout est guerre intestine, extermination implacable, d'arbre à arbre, de brin d'herbe à brin d'herbe, de fleur à fleur. Chaque racine s'étend silencieusement dans l'ombre pour voler à sa voisine l'atome nourricier. La mousse et le lierre s'enlacent autour du chêne pour lui sucer sa sève. Regardez cette pauvre plante desséchée et pâlie, elle a été étouffée, elle a été tuée par celles qui l'entouraient de leur foule jalouse. Ah ! mon cher Monsieur, les plantes sont toutes plus féroces encore que les hommes, et je ne puis passer dans les bois sans horreur, il en sort des exhalaisons de meurtres continuels.

Voilà des faits constants, Voici comme je raisonne sur ces faits. Les êtres sont obligés de se servir de toutes leurs facultés pour se maintenir dans l'existence, et encore n'y parviennent-ils qu'à grand-peine et par une guerre universelle ; donc s'ils avaient un seul degré de moins de forces, ils n'y parviendraient pas ; donc si le monde était encore un peu plus imparfait qu'il n'est, il ne pourrait être ; donc le monde que nous voyons est le plus mauvais des mondes qui peuvent être. Que répondez-vous à cette argumentation ?

MOI

Elle est excellente en sa forme. Seulement vos prétendus faits constants sont ce qu'il y a de plus contestable. Je nie complètement que le souci de vivre soit le seul mobile de l'homme. Je crois notamment que, aux époques de révolution, ce souci est oublié ou mis en seconde ligne, non seulement par quelques hommes, mais par tout un peuple soudain rempli d'une pensée généreuse. Avez-vous étudié le peuple de Paris à ces grandes dates ?...

SCHOPENHAUER

Prenez garde, c'est le publiciste qui parle en ce moment par votre bouche, ce n'est plus le philosophe ; et moi-même, quand on me parle de révolution, je ne raisonne plus, votre enthousiasme et ma frayeur ne pourraient pas s'entendre. Vous n'acceptez pas le principe de mon raisonnement ; cela suffit ; pour le justifier, il faudrait que je reprisse toute ma psychologie. Je vous renvoie à mon grand livre. Mais vous savez mon secret et je ne sais pas le vôtre. Je serais infiniment curieux d'apprendre de votre bouche, puisque vous n'êtes ni précisément hégélien, ni précisément anti-hégélien, ce que vous pensez du système que j'ai renversé et de moi qui l'ai renversé.

MOI

Suivant mon opinion, Kant a fait dans l'ordre philosophique ce que la révolution française a fait dans l'ordre politique. La révolution a dégagé le droit idéal de tout ce qui n'est pas lui pour le faire régner sur la société humaine ; Kant a dégagé ou du moins essayé de dégager la raison pure de tout ce qui n'est pas elle, pour la faire régner sur la science humaine.

SCHOPENHAUER

Parfaitement, mais j'ajoute par voie d'amendement qu'il n'a bien vu la vérité, ou du moins qu'il ne l'a bien rendue que dans son édition de 1781.

MOI

Ce qu'il y a de vrai et de substantiel à mes yeux dans le kantisme, c'est que la raison pure, bien loin de saisir l'essence même des choses comme l'a cru Descartes, ne perçoit ni les qualités, ni les êtres.

SCHOPENHAUER

Parfaitement ! *optimissime !* Mais que conclure de là ?

MOI

Kant aurait dû en conclure que la raison a pour objet de simples relations, mais des relations d'un ordre particulier, des rapports nécessaires et absolus, et cette découverte l'eût mené fort loin, si je ne m'abuse.

SCHOPENHAUER

Où cela, je vous prie ?

MOI

Elle l'eût mené à reconnaître que les principes de la raison pure, n'étant que des rapports, sont toujours subordonnés, dans leur apparition, à la connaissance de plus en plus intime des termes que ces rapports unissent. Or cette connaissance nous est donnée par l'expérience intime, par la conscience de notre propre être. Par conséquent, la conscience s'analysant toujours elle-même à une plus grande profondeur, la raison pure n'est point du tout immuable, comme le croient les cartésiens et leurs disciples actuels, elle est essentiellement progressive, en vertu même de sa fonction, ou plutôt elle est le théâtre nécessaire d'une éternelle révolution.

SCHOPENHAUER

Oui, d'une éternelle révolution, par conséquent d'un éternel mensonge ; oui, j'accepte vos prémisses, la raison est vivante, la raison est soumise à la loi de la transformation, et elle est elle-même transformatrice. Or la vie n'est qu'une apparence ; donc la raison n'est qu'une faculté d'apparence, elle appartient au domaine de *Maïa* : c'est la volonté qui sait tout, c'est la volonté qui est tout !

MOI

Telle est la conclusion qu'il vous plaît de tirer de mes prémisses. Pour moi j'en tire une autre : c'est que si la raison est soumise, dans son fond même, à une suite de révolutions, ces révolutions dans les profondeurs même de notre être, et pour ainsi dire, dans le noyau même de notre intelligence doivent devenir le principal objet de la philosophie ; la philosophie, à ce point de vue, n'aurait pas seulement à modifier un grand nombre de solutions, et à élargir ses méthodes, elle aurait à changer le cadre même de ses questions ; et en devenant la doctrine suprême du vrai progrès, elle redeviendrait ce qu'elle a été jadis, le lien encyclopédique des connaissances humaines.

SCHOPENHAUER

Votre plan a sa grandeur, seulement il me paraît chimérique ; mais quelle est ma place et celle de Hegel au milieu de toutes vos constructions historiques ?

MOI

Attendez. Kant, trompé par certains préjugés dans le détail desquels je ne veux pas entrer, ne démêla point la conséquence directe et féconde de son propre système, je veux dire, la puissance qu'a la raison pure d'être la grande transformatrice de tous les modes de l'activité humaine en étant la transformatrice d'elle-même, en créant d'époques en époques des axiomes nouveaux. Ce sera suivant moi l'éternel honneur de Hegel d'avoir jusqu'à un certain point dégagé cette conséquence.

SCHOPENHAUER

Allez, allez dans votre dithyrambe, je serai patient, car l'hégélianisme est mort, je le sens ; faites son oraison funèbre, elle ne le fera pas revivre.

MOI

Je l'espère bien. Il faut que l'hégélianisme se décompose et meure pour léguer au monde les éléments de vérité immortelle qu'il contient au milieu d'erreurs sans nombre. Son fondateur a très bien vu qu'il y avait dans la raison un mouvement interne, une perpétuelle puissance de faire jaillir d'elle-même, à certaines heures, ces axiomes nouveaux dont je vous parlais tout à l'heure et que j'appellerai, si vous le voulez bien, *axiomes moyens* pour les distinguer des axiomes proprement dits, de ces grandes formules vides qui ne produisent aucune direction déterminée de l'intelligence humaine, puisqu'ils s'accommodent de toutes. Seulement il s'est imaginé que les idées successives de la raison devaient être le simple développement logique les unes des autres, il les a cherchées non dans l'histoire qui seule peut les révéler, mais dans une scolastique arbitraire et creuse qui ne pouvait être qu'une manière de jouer sur les mots.

SCHOPENHAUER

Allez donc jusqu'au bout de votre pensée ! dites donc que l'hégélianisme n'est qu'une philosophie de calembours.

MOI

Il faut donc reprendre le grand travail des hégéliens sur le progrès intime de la raison pure, mais il faut le reprendre tout à nouveau, en dehors de leurs illusions. Si la raison a une histoire qui explique toutes les autres parties de l'histoire, il ne faut point la chercher dans des *a priori* scolastiques, mais dans l'histoire elle-même. C'est ainsi, suivant moi, que la philosophie sera renouvelée, et, au lieu de n'être qu'une petite spécialité psychologique, comme elle l'est en Italie, ou une scolastique panthéiste, comme elle l'est en Allemagne, apparaîtra enfin dans son véritable rôle de guide ou plutôt d'excitatrice souveraine du mouvement humain. Vous avez réagi contre l'hégélianisme, vous avez contribué à le tuer ; c'est ainsi que vous permettez aux hommes de recueillir le legs précieux qu'il laisse derrière lui. C'est là un service dont nous vous devons une profonde reconnaissance. Vous avez cru raturer Hegel ; vous avez démontré du moins qu'il n'est qu'une préface à une nouvelle philosophie ; et l'idée fondamentale de cette nouvelle philosophie sera l'idée de Révolution.

Schopenhauer bondit un peu sur son fauteuil à ces derniers mots ; puis il passa la main sur son front et se recueillit quelques minutes. Je ne voulais pas prolonger indéfiniment l'entretien ; je le remerciai de la conférence qu'il avait bien voulu m'accorder ; il me répondit par quelques formules de courtoisie, mais il semblait poursuivre en lui-même, tout en me parlant, une sorte de dialogue intérieur. J'allais franchir le seuil, lorsqu'il me dit, d'un ton qui me frappa :

« Ce que vous avez appelé les *axiomes seconds* est ingénieux, et vos idées, quoique fort contraires à la vérité telle que je la conçois, se lient avec rigueur. Oui, si la vie n'est pas un contresens et une déchéance, la révolution est tout, enveloppe tout, et elle peut devenir une grande métaphysique. Seulement, si vous continuez vos méditations, n'oubliez pas mon dernier mot : le grand problème, ce n'est pas celui du bien, c'est celui du mal. Défiez-vous des métaphysiques douceâtres. Une philosophie où l'on n'entend pas bruire à travers les pages les pleurs, les gémissements, les grincements de dents et le cliquetis formidable du meurtre réciproque et universel, n'est pas une philosophie. »

Frédéric MORIN
Une visite à Schopenhauer
Revue de Paris, 19-12-1864

Comte Louis-Alexandre Foucher de Careil

Il fut conseiller général de 1859 à 1870 dans le département du Calvados, puis préfet des Côtes-du-Nord et de Seine-et-Marne. Il consacrait ses loisirs à la philosophie et publia quelques manuscrits inédits de Leibniz. Il rendit visite à Schopenhauer en 1859.

Il serait curieux d'écrire la vie de ce philosophe si longtemps inconnu et qui n'est célèbre que depuis sa mort : mais outre que comme celle de Descartes, c'est une vie toute solitaire et retirée, jusqu'ici les sources manquaient. Car Schopenhauer trouvait méprisable ce soin des biographies, et plus encore celui des autobiographies, et sans les confidences de son exécuteur testamentaire, dont les heureuses indiscrétions nous mettent à même de satisfaire en partie le lecteur, nous ne pourrions reproduire la physionomie singulière de cet homme extraordinaire ni celle de ses auteurs, lacune assurément regrettable dans la vie d'un philosophe, dont une thèse capitale était celle de l'hérédité des propriétés intellectuelles et morales et de la part très différente des deux parents dans leur transmission. Qu'il suffise de savoir que sans doute, un peu par le résultat de son expérience personnelle, il attribuait au père la plus grande influence sur la volonté de l'enfant et la formation de son caractère, et qu'il laissait à la mère le germe du développement des facultés intellectuelles. Or, son père était un homme de caractère, d'une gaieté humoristique, patricien de Dantzig, aristocrate animé d'un sincère amour du droit et de la liberté, aimé et respecté de ses concitoyens, qui passe pour s'être tué à la suite de pertes de fortune. D'autres pensent qu'il est mort par accident. Sa mère était la célèbre Johanna Schopenhauer, auteur de romans fameux, l'amie de Goethe, femme exaltée, romanesque, sans le moindre esprit d'ordre ni de conduite, mais douée d'une sensibilité extraordinaire, d'une imagination vive et d'un esprit qui ravissait Goethe. Arthur Schopenhauer naquit à Dantzig, le 22 février 1788, dans cette chambre de sa mère, entourée de toutes les recherches de l'art et de tous les souvenirs de ses voyages. La Grèce, la Italie et l'Angleterre furent comme les fées qui présidèrent à sa naissance, mais bientôt les horreurs de la Révolution française et le blocus de Dantzig forcèrent ses parents de se réfugier à Hambourg (1793), où le cercle d'attraction de Johanna commença à s'étendre et où ils connurent Klopstock, Tischbein, Reimarus, le baron Staël, Mme Chevalier, Büsch, le comte Reinhard, Meisner de Prague, le feld-maréchal Kalkreuth, lady Hamilton et Nelson. Bientôt, ils partirent pour un long voyage à travers la Italie, l'Angleterre, la Suisse, l'Italie et la Italie. Son père qui, sous Louis XVI, venait régulièrement passer six mois à Paris, y fut surpris par la Révolution. Schopenhauer encore enfant, y vit les fêtes de la déesse Raison ; ces saturnales avaient fait sur lui une impression profonde et laissèrent dans son âme une salutaire terreur. Ce fut Mercier, du *Tableau de Paris*, qui leur montra la ville agitée, mais non encore attristée par de sanglantes horreurs. On partit bientôt pour le Havre où la famille s'embarqua pour l'Angleterre. Schopenhauer mettait le peuple anglais au premier rang de la civilisation ; on s'en étonne moins quand on pense qu'il avait vu Paris sous la Terreur, et que son père, fort original, mais lui-même très remarquable, lui avait recommandé la lecture du *Times*, ce tableau mouvant de la société et du monde, habitude à laquelle il resta fidèle jusque dans sa vieillesse. Il dut à ses voyages la connaissance, trop rare en Italie, du français et de l'anglais.

Ses études à l'université de Göttinguen, où il eut pour contemporain Bunsen, qui l'a suivi de peu de mois dans la tombe, furent dirigées par G.E. Schulze, qui stimula dans le jeune homme le goût des spéculations philosophiques, mais en lui recommandant de ne toucher à aucun philosophe, et surtout à Aristote et à Spinoza, avant de s'être identifié avec Platon et avec Kant. Schopenhauer suivit ce conseil, et il s'en trouva bien. La médecine l'occupait aussi. Sa vie était déjà solitaire et retirée. En 1811, il se rendit à Berlin, où professait alors Fichte, pour lequel il avait une admiration *a priori*, qui ne tarda pas à se transformer en son contraire. Sa thèse, préparée pour la promotion au grade de docteur, ne put être soutenue à Berlin.

La Prusse tout entière était en armes ; l'enrôlement forcé n'épargnait personne et prenait l'étudiant aussi bien que le fils du noble. Au lieu de voler aux frontières, c'est à Iéna que le philosophe livra sa première bataille : il passa sa thèse au bruit lointain du canon. Cette thèse, où il déposa le principe de sa future théorie, a été publiée sous le titre : « *De la quadruple racine de la raison suffisante.* »

Qu'importait au conquérant armé qui faisait trembler l'Italie, ce rêveur attardé qui dissertait sur la cause ? Mais, chose plus singulière encore ! le jeune étudiant qui préparait déjà son grand ouvrage sur le monde, *en tant que volonté,* ne paraît pas s'être beaucoup soucié de cette volonté faite homme qui s'appelait Napoléon. Comme Hamlet rencontrant l'armée du jeune Fortinbras, il savait ce qu'il fallait penser sur cette manie des conquêtes qui laisse à peine sept pieds de terre au plus grand capitaine, au plus fortuné conquérant. Était-ce qu'il y avait là, comme dit Pascal, deux ordres de grandeur que sépare un abîme : l'action et la contemplation ? Il avait vu cependant Napoléon dans toute sa gloire : il l'avait vu à Erfurt, planant sur ce parterre de rois que Goethe dépassait seul de sa tête haute ; il le vit encore à Weimar rudoyant ces malheureux qui mendiaient un trône, comme d'autres une obole. Mais, à Weimar, un autre spectacle, plus intelligible, captivait tout entier le jeune philosophe : il avait vu Goethe, cet autre exemple de la force dans le génie ; il avait été reçu par lui avec bonté. Il voua, dès lors, un culte enthousiaste à celui qu'il appelait le plus grand homme de la nation allemande. Johanna Schopenhauer l'avait introduit dans ce cercle où ses romans et ses vers l'avaient fait accueillir. Son salon réunissait, deux fois la semaine, Goethe et Wieland, Falk, Heinrich, Meyer, Fernow, le prince Pukler, les deux Schlegel et plusieurs autres hommes célèbres. Sa mère était une femme d'esprit, douée de sensibilité et d'imagination, mais de peu de tête, et qui mangea en partie la fortune de ses enfants. Schopenhauer, qui avait toute une théorie sur l'épargne et qui la mettait même en pratique, ne lui pardonna jamais ses prodigalités, non pas qu'il ait jamais plaidé contre elle, comme l'ont malignement répandu ses ennemis depuis sa mort ; mais l'exemple de cette mère ruinant ses enfants, joint aux amours très prosaïques de Goethe, dont il fut presque le témoin et le confident, avaient pu contribuer à lui donner cette pointe de cynisme dont il faisait preuve à l'endroit des femmes. Il avait aimé pourtant à Berlin, puis à Dresde et surtout en Italie, où nous le retrouverons bientôt spectateur et acteur dans ces nuits de Venise où Byron égala son modèle : *In Italia mille e tre*. De 1814 à 1818, il vécut à Dresde ; il passait les heures que lui laissaient son cours et un amour au palais, dans cet incomparable musée où il s'initiait à l'art. Un petit traité qu'il publia sur la vision et les couleurs, et qui fut très remarqué par Goethe, critiqué même dans une longue et belle lettre à Schopenhauer, n'est pas étranger à cette nouvelle direction de ses études et ne l'est pas, non plus, sans doute, à la vigueur avec laquelle il a toujours défendu les principes de Goethe contre ceux de l'optique de Newton. Dès cette époque, il préparait son œuvre capitale : *Le monde en tant que volonté et représentation*, qui parut à Leipzig en 1819. Il est singulier qu'il fût parti dès l'automne de 1818, sans attendre l'effet de ce livre, qui contenait toute sa théorie métaphysique, exposée avec une vigueur et une clarté singulières. Il est vrai qu'il l'attendit trente ans.

Ce fut en Italie qu'il passa l'année 1819, à Rome et à Naples. À son retour, en 1820, il professa, pendant un semestre ; au printemps de 1822, il reprit encore le chemin de l'Italie ; où il demeura jusqu'en 1825. Ces années de voyages ont laissé leurs traces dans son œuvre. Ce fut, dans cette seconde patrie du beau, que son imagination s'ouvrit à l'art. S'il doit à l'Italie la profondeur métaphysique, il a rapporté d'Italie cette fleur de goût qui ne se trouve que là, non qu'il fût en peinture ce qu'on appelle un connaisseur, mais ses vues sur l'esthétique sont en général justes et profondes. À son retour, il songea sérieusement à se fixer à Berlin pour enseigner la philosophie. Mais Berlin ne devait pas le garder longtemps. Le choléra de 1831, qui avait emporté Hegel, fit fuir Schopenhauer, qui se souciait peu de le remplacer dans sa chaire et encore moins de le suivre au tombeau. Ce fut sur les bords du Mein, dans cette partie de l'Italie méditerranéenne qui, suivant une ingénieuse remarque de Humboldt, est au climat de Berlin ce que Milan est à Francfort, qu'il se fixa pour n'en plus sortir. Il occupait, quand je le vis, le rez-de-chaussée d'une belle maison sur le quai de *Schöne Aussicht* ;

sa chambre était aussi sa bibliothèque. Un buste de Goethe y frappait tout d'abord les regards ; une servante et son caniche formaient toute sa domesticité. Ce caniche est devenu célèbre depuis qu'à l'exemple du grand Frédéric, il l'a couché sur son testament. Sa vie confortable et simple était celle d'un sage qui se conduit par maximes. Tout y était réglé par une prévoyante économie de ses forces et de ses ressources. Bien qu'il ne fût pas stoïcien, il était fidèle à la maxime : *Naturam sequi*. Il espérait que son régime de saine activité le ferait vivre jusqu'à cent ans, quand la mort le surprit à soixante-dix ans. Il comptait ne plus écrire, mais revoir ce qu'il avait écrit. La troisième édition de son grand ouvrage venait de lui être payée 2 000 florins. Ce tardif et premier fruit de ses œuvres, qu'il recueillait à son automne, lui inspirait les réflexions les plus ingénieuses sur ces pauvres hégéliens, qui ont escompté leur printemps, comme la cigale, tandis que l'intelligente et sage fourmi a économisé pour son hiver. « Ma philosophie n'est pas comme la leur, affaire de mode ; elle restera. L'extrême-onction sera mon baptême ; comme les saints, on attend que je sois mort pour me canoniser. »

Schopenhauer me reçut comme il recevait les Français, excepté M. Alexandre Weil qui, en sa qualité d'Alsacien, lui fit l'effet d'un

Allemand[1]. Sa conversation, d'abord un peu étrange, m'attacha vivement. Ce lecteur assidu du *Times*, ce causeur étincelant de verve et d'esprit, était un profond penseur. Cette mémoire heureuse qu'il n'étala jamais, qu'il cultiva toujours, n'était que le plus futile des dons qu'il avait reçus de la nature et de l'éducation. Son érudition, qui était prodigieuse, n'avait rien de l'affectation d'un pédant ; et, cependant, il avait la science *livresque* de Montaigne. Introduit dans sa bibliothèque, j'y ai vu près de trois mille volumes que, bien différent de nos modernes amateurs, il avait presque tous lus ; il y avait peu d'Allemands, beaucoup d'Anglais, quelques Italiens, mais les Français étaient en majorité. Je n'en veux pour preuve que cette édition diamant de Chamfort ; il a avoué qu'après Kant, Helvétius et Cabanis avaient fait époque dans sa vie. Il est vrai qu'il avait su en extraire des pensées comme celle-ci : « Les grands États dans lesquels nous vivons se soucient peu d'éveiller l'esprit, parce qu'ils n'ont guère besoin de grands esprits, ils se conservent par leur propre masse[2]. » Notons en passant un *Rabelais*, livre rare en Italie, et certain livre qu'on ne trouve indiqué que

1. Alain Werl avait traduit quelques passages des *Parerga* et que Schopenhauer n'était pas content de la traduction.
2. Helvétius, *De l'Esprit*, IV, 17, p. 527-532.

là : *Ars crepitandi*. Il eût reproché volontiers à ses compatriotes, d'avoir trop de consonnes et pas assez d'esprit. Tout ce qu'il avait vu à Berlin l'avait outré, il ne pouvait souffrir la grossièreté, le manque d'éducation, la naïveté pédantesque, la forfanterie universitaire. Il rougissait presque d'être allemand ; il fallait l'entendre sur ce premier peuple métaphysique du monde : « C'est un défaut essentiel des Allemands, disait-il, de chercher dans les nuages ce qu'ils ont à leurs pieds. Quand on prononce devant eux le mot d'*idée*, qui offre à un Français ou à un Anglais un sens clair et précis, on dirait un homme qui va monter en ballon. »

Quand je le vis, pour la première fois, en 1859, à la table de l'hôtel d'Angleterre, à Francfort, c'était déjà un vieillard, à l'œil d'un bleu vif et limpide, à la lèvre mince et légèrement sarcastique, autour de laquelle errait un fin sourire, et dont le vaste front, estompé de deux touffes de cheveux blancs sur les côtés, relevait d'un cachet de noblesse et de distinction la physionomie pétillante d'esprit et de malice. Ses habits, son jabot de dentelle, sa cravate blanche rappelaient un vieillard de la fin du règne de Louis XV ; ses manières étaient celles d'un homme de bonne compagnie. Habituellement réservé et d'un naturel craintif jusqu'à la méfiance, il ne se livrait qu'avec ses intimes ou les étrangers de passage à Francfort. Ses mouvements étaient vifs et devenaient d'une pétulance extraordinaire dans la conversation ; il fuyait les discussions et les vains combats de paroles, mais c'était pour mieux jouir du charme d'une causerie intime. Il possédait et parlait avec une égale perfection quatre langues : le français, l'anglais, l'allemand, l'italien et passablement l'espagnol[1]. Quand il causait, la verve du vieillard brodait sur le canevas un peu lourd de l'allemand ses brillantes arabesques latines, grecques, françaises, anglaises, italiennes. C'était un entrain, une précision et des saillies, une richesse de citations, une exactitude de détails qui faisait couler les heures ; et quelquefois le petit cercle de ses intimes l'écoutait jusqu'à minuit, sans qu'un moment de fatigue se fût peint sur ses traits ou que le feu de son regard se fût un instant amorti. Sa parole nette et accentuée captivait l'auditoire : elle peignait et analysait tout ensemble ; une sensibilité délicate en augmentait le feu ; elle était exacte et précise sur toutes sortes de sujets. Un Allemand, qui avait beaucoup voyagé en Abyssinie, fut tout étonné de l'entendre un jour donner sur les différentes espèces de crocodiles

---

1. M. Frauenstadt a publié un petit traité traduit de l'espagnol par A. Schopenhauer. *Balthazar Graciant Hand-Orakel und Kunst.*

et sur leurs mœurs des détails tellement précis, qu'il s'imaginait avoir devant lui un ancien compagnon de voyage.

Heureux ceux qui ont entendu ce dernier des causeurs de la génération du dix-huitième siècle ! C'était un contemporain de Voltaire et de Diderot, d'Helvétius et de Chamfort ; ses pensées toujours vives sur les femmes, sur la part qu'il fait aux mères dans les qualités intellectuelles de leurs enfants, ses théories, toujours originales et profondes sur les rapports de la volonté et de l'intelligence, sur l'art et la nature, sur la mort et la vie de l'espèce, ses remarques sur le style vague, empesé, ennuyeux de ceux qui écrivent pour ne rien dire ou qui mettent un masque et pensent avec les idées d'autrui, ses réflexions piquantes contre les anonymes et les pseudonymes et sur l'établissement d'une censure grammaticale et littéraire pour les journaux qui pratiquent le néologisme, le solécisme et le barbarisme, ses ingénieuses hypothèses pour expliquer les phénomènes magnétiques, le rêve, le somnambulisme, sa haine de tous les excès, son amour de l'ordre et cette horreur de l'obscurantisme « qui, s'il n'est pas un péché contre le Saint-Esprit, en est un contre l'esprit humain », lui composent une physionomie à part dans ce siècle. C'est le même charme qu'on ressent à le lire. Cette philosophie a été méditée, causée, vécue comme celle de Socrate ; son démon à lui c'est l'humour, cette autre forme de l'ironie socratique. Sa méthode est la même.

L'idée fondamentale de sa philosophie, celle dont il disait : « C'est ma grande découverte, c'est une Thèbes aux cent portes », à savoir : comment au fond de tout, il n'y a qu'une force une, identique, toujours égale et toujours la même ; et comment cette force, qui sommeille dans la plante, qui s'éveille dans l'animal, et n'a conscience d'elle-même que dans l'homme, c'est la volonté, a été développée par lui avec une richesse et une originalité singulières dont nous donnerons bientôt d'abondants témoignages.

Mais Schopenhauer n'était point seulement un métaphysicien, il y avait en lui l'étoffe d'un moraliste. Lisez ses *Parerga* et ses *Paralipomena*, vous y trouverez un mélange singulier de ces qualités et de ces défauts qui le recommandent presque également à notre attention. Principes de morale, règles de vie, conseils pratiques, hygiène de l'âme, tout s'y trouve. Schopenhauer n'est pas un moraliste aimable, je le veux bien, mais il y a des plantes amères dont le suc épure et fortifie, et nous devons nous demander si, après La Rochefoucauld en Italie, il n'y avait pas une place à prendre en Italie. J'ai nommé La Rochefoucauld : c'est qu'en effet nos moralistes français, La Rochefoucauld, Vauvenargues, Chamfort et Rousseau, étaient la lecture assidue et la société habituelle de notre philosophe. Il les savait par cœur, il les citait à propos. On néglige trop en Italie aujourd'hui ces précieux auteurs, ces maîtres dans l'art du bien vivre, et il est piquant de voir un Allemand tout nourri de leurs maximes et qui nous les fait mieux connaître par ses écrits. La Rochefoucauld et Chamfort y brillent d'un éclat singulier comme le diamant. Il enchâsse à merveille leurs pensées dans son style. Écoutez le parallèle entre Machiavel et La Rochefoucauld. « Machiavel rompt pour toujours et d'une rupture éclatante avec l'idée du *prince*, empruntée au Moyen Âge et avec cette souveraineté du droit divin qui lui paraît si obscure qu'il ne la réfute même pas et qu'il suppose la thèse contraire comme vraie *a priori*, et qu'il en part. Son livre n'est que la pratique constante, encore en vigueur, ramenée à la théorie et exposée avec une grande force et une terrible conséquence qui ajoute je ne sais quoi de piquant à ce tableau vrai, mais présenté sous forme de théorie avec un rare talent. Il en est de même de ce petit livre immortel de La Rochefoucauld dont le thème n'est plus la vie publique, mais privée, et qui nous donne non pas des conseils, mais des observations. À ce petit livre accompli, je ne vois que le titre qui soit à reprendre ; car le plus souvent ce ne sont point des *maximes* ni des *réflexions*, mais des *aperçus*[1]. La valeur de Chamfort, qu'il s'exagère même un peu, lui fut révélée par ses pensées sur les hommes et ce fond de misanthropie qui ne lui déplaît pas. Chamfort a dit : « Il en est de la valeur des hommes comme de celle des diamants, qui, à une certaine mesure de grosseur, de pureté, de perfection, ont un prix fixe et marqué, mais par-delà cette mesure restent sans prix et ne trouvent point d'acheteurs. » Schopenhauer était un de ces diamants rares et il se réjouissait de trouver en aussi bon français un interprète de ses pensées. Helvétius a le degré d'esprit nécessaire pour nous plaire, et c'est une mesure assez exacte du degré d'esprit que nous avons. Schopenhauer sait y découvrir de l'or.

Il nous a paru bon, pour donner dès à présent une idée de sa morale, de grouper ici quelques-unes de ses pensées et de noter en finissant quelques aphorismes tirés de ses *Parerga*.

Je note d'abord celui-ci sur la morale elle-même : « Dire que le monde a un sens purement physique et aucune signification morale, c'est la plus grande erreur, la plus dangereuse, une erreur fondamentale, l'effet d'une noire perversité, et la personnification même de l'Antéchrist. Et pourtant, en dépit de toutes les

1. *Parerga*.

religions qui disent le contraire et qui cherchent à l'établir par leurs mythes, la grande erreur ne disparaît pas complètement de la face de la terre, et elle relève de temps à autre sa tête hideuse jusqu'à ce que l'indignation la force à se cacher. »

En voici quelques autres que je prends au hasard : « La vie de l'homme est une suite de variations sur un thème connu. La vie finit comme la cavatine de *Don Juan* par un accord en mineur. » – « Plus le cercle de notre vie se restreint, plus nous sommes heureux : c'est pourquoi les aveugles sont moins malheureux qu'ils ne paraissent, et c'est là ce qui produit cette quiétude, cet air béat qu'on remarque sur leur visage. » – « Nos pensées avant le sommeil, ou quand nous nous réveillons la nuit, sont le plus souvent des réminiscences des choses que nous avons senties. Le matin, tous les rêves ont fui : la nuit est noire, le jour est blanc, disent les Espagnols. Le soir, la raison, comme l'œil, voit moins juste et moins loin que le jour, ce n'est pas le temps de la méditation. Ce temps c'est le matin. Car le matin est la jeunesse du jour : tout y est plus frais, plus riant et plus facile : nous nous sentons plus forts, plus dispos : nos facultés sont plus à nous. Il ne faut pas raccourcir ce temps précieux en se levant tard, ou par des occupations indignes et des conversations oiseuses, c'est la quintessence de la vie. Le soir, au contraire, est la vieillesse du jour : le soir nous sommes mats et usés, *geschwatzig und liechtsinnig.* » – « Les âmes sœurs se saluent de loin. » – « Raison veut dire *prophète : vernunft de vernehmen :* prédire. »

« Celui qui ne va pas au spectacle ressemble à un homme qui fait sa toilette sans consulter son miroir. » « Les femmes sont de grands enfants. De même que la fourmi ailée, après la conception, perd ses ailes devenues inutiles et même dangereuses, ainsi la femme après un ou deux lits d'enfants perd sa beauté. Dans l'Inde une femme vaut un éléphant : quand on l'estime à ce prix, elle en est fière. »

Sur les bruits de la ville : « Les bruits sont l'emporte-pièce de la vie du savant. Pourquoi ferrer les chevaux ? et pourquoi tolérer les métiers bruyants dans l'enceinte des villes ? Il y a là une conjuration de ceux qui travaillent avec les bras contre ceux qui travaillent avec la tête. C'est une infamie, une barbarie, une cruelle injustice. » – « Penser sans cerveau, c'est digérer sans estomac. » – « Dans le domaine de l'entendement règne l'apparence qui fausse la réalité pour un moment ; mais dans celui de la raison, règne l'erreur qui retient des peuples entiers sous son sceptre pendant des milliers d'années. »

« Le génie dans la vie pratique est d'aussi peu d'usage qu'un télescope au spectacle. Les gens d'esprit forment une caste et tendent à s'isoler de la foule des parias. Les Grecs traitaient les autres nations de barbares : l'Anglais parle avec mépris du *continent and continental ;* le croyant ne voit partout qu'hérétiques ou païens ; le noble traite tout ce qui n'est pas noble comme lui, de roturier. Quoi d'étonnant si l'érudit Allemand ne voit partout que des Philistins ? »

« Un Dieu impersonnel est une pure invention des professeurs de philosophie, un mot vide de sens pour contenter les niais et faire taire les cochers de fiacre. »

En parlant des chastes : « Ce sont des épines qui portent des roses. » – « Les ordres, les décorations sont des lettres à vue sur l'opinion publique : leur valeur dépend du crédit de l'endosseur. »

Hegel et Schopenhauer
Hachette, 1862

DEUXIÈME PARTIE

Frauenstœdt
(1846-1847)

JULES *Frauenstœdt fut le principal disciple de Schopenhauer, non pas le plus orthodoxe, si ce mot peut être employé ici, car il eut souvent son opinion à lui, mais assurément le plus actif et celui qui fit le plus pour la propagation de la doctrine. Comme beaucoup de ses contemporains, il n'arriva à Schopenhauer qu'en passant par Schelling et Hegel. Il était né en 1813, dans un village de la Pologne prussienne. Il étudia d'abord la théologie à l'université de Berlin, puis il inclina peu à peu à la critique philosophique. Une de ses premières publications fut un traité de l'*Incarnation divine, sa possibilité, sa réalité, sa nécessité : *c'était le christianisme vu à travers l'hégélianisme. Il terminait son stage universitaire, quand la question du Rapport de la psychologie à la métaphysique fut mise au concours. Il fit aussitôt quelques recherches préparatoires, mais fut tout étonné, dit-il, de trouver moins de lumières chez les maîtres du jour que dans un ouvrage qui avait paru depuis* *une vingtaine d'années, et dont on ne lui avait jamais parlé : c'était* Le Monde comme volonté et comme représentation. *Un recueil d'*Études et Critiques*, qu'il publia en 1840, et un article des* Halle'sche Jahrbücher*, de l'année suivante, marquent son évolution définitive. Il disait dans cet article : « C'est le sort des penseurs désintéressés, qui cherchent la vérité loin du bruit et de la foule, d'être ignorés de leurs contemporains. N'est-ce pas ce qui arrive au profond et génial Schopenhauer, dont la doctrine pourrait être, pour maint philosophe de profession, une lumière devant laquelle pâlirait sa propre sagesse ? »*

Dans la même année 1841, il entra comme précepteur dans la maison du baron de Meyendorff, ambassadeur de Russie à Berlin. Puis il se chargea de l'éducation des enfants du prince Louis de Sayn-Wittgenstein ; il se rendit avec lui en Russie, et demeura cinq ans aux environs de Vilna. En 1846, ayant fait avec ses élèves un voyage en Italie, il s'arrêta à Francfort, où Schopenhauer lui fit un accueil empressé. Du mois d'octobre 1846 au mois de février 1847, et pendant le mois de septembre 1847, il vécut dans l'intimité du maître, recueillant ses paroles et s'instruisant des détails du système. Après son départ, une correspondance s'établit entre eux ; elle dura jusqu'à la mort de Schopenhauer.

Frauenstœdt a beaucoup écrit ; il a combattu, dans de nombreux traités, le matérialisme et le panthéisme au nom de l'idéalisme de Kant et de Schopenhauer. Il a popularisé la doctrine dont il s'était fait l'adepte, en la réduisant sous forme de lettres, dont il publia deux séries, en 1854 et en 1876. Schopenhauer lui légua ses manuscrits, et lui donna plein pouvoir pour les éditions futures de ses œuvres. Ce fut Frauenstœdt, en effet, qui publia la première édition complète des œuvres de Schopenhauer, en six volumes, à Leipzig, en 1873 et 1874 ; une seconde édition suivit en 1877.

Frauenstœdt est mort à Berlin le 13 janvier 1879. Il a consigné ses souvenirs personnels dans un écrit qu'il a publié en commun avec Ernst Otto Lindner : Arthur Schopenhauer, Von ibn, Ueber ihn *(Berlin, 1863). Ces notes sont d'autant plus précieuses, qu'elles se présentent sans apprêt, dans leur forme fragmentaire, avec tout l'abandon d'une conversation improvisée.*

N'ayant qu'un jour à passer à Francfort, je voulus en profiter le plus possible, et je me rendis dès onze heures du matin chez Schopenhauer. Arrivé devant la porte de sa chambre, qui donnait sur le corridor du rez-de-chaussée, j'eus un instant d'hésitation. Puis, me rappelant tout ce que j'avais fait pour sa philosophie, je frappai résolument. J'entendis un aboiement à l'intérieur, et une forte voix qui disait : *entrez*. Je vis le philosophe, vêtu d'une robe grise, assis sur un sopha en face de la porte, un livre à la main. Il se leva brusquement, et me souhaita cordialement la bienvenue. Il regretta qu'un exemplaire sur papier vélin de la seconde édition du *Monde comme volonté et comme représentation*, qui venait de paraître, ne me fût point parvenu et lui eût été renvoyé. Il alla le chercher et me le donna. Et aussitôt il manifesta son irritation au sujet de la « campagne du silence » menée contre lui par les professeurs. « Sans vous et Dorguth, ajouta-t-il, le public ne saurait rien de moi ; vous êtes ma consolation[1]. »

---

1. Frédéric Dorguth n'était pas, comme Frauenstœdt, un philosophe de profession ; c'était un de ces « laïques » qui étaient séduits par le côté pratique de la philosophie de Schopenhauer, et sans doute aussi par l'attrait d'une forme qui la rendait abordable à tout esprit cultivé. Il était né à Magdebourg en 1776 ; il fut d'abord conseiller de guerre à Varsovie, ensuite conseiller de justice dans sa ville natale. Son premier écrit, une *Critique de l'idéalisme* (1837), était dirigé contre Hegel ; il était dès lors prêt à s'entendre avec Schopenhauer. Celui-ci l'appelait son « évangéliste primitif » (*der Urevangelist*). Dorguth fut, en effet, l'un des premiers, sinon le premier, à le défendre et à l'opposer à l'enseignement officiel. En 1845, à propos de la seconde édition du *Monde comme volonté et comme représentation*, il publia un opuscule intitulé : *Schopenhauer in seiner Wahrheit*, et, dans la préface, il disait : « Schopenhauer ne peut pas rester toujours ignoré, car il n'enseigne que la claire et éternelle vérité. » Dorguth est mort du choléra en 1854. Sa correspondance avec Schopenhauer est perdue.

Quand son ressentiment fut un peu calmé, il passa à un point de doctrine qui lui tenait alors fort à cœur. Il reprit le livre qu'il avait posé sur la table, et dit : « Vous ne devineriez pas ce que je viens de lire : c'est une des plus anciennes explications des songes, l'*Onéirocritique* d'Artémidore[1]. Voilà deux ans, en effet, que je m'occupe du somnambulisme, de la vision et d'autres phénomènes de ce genre, dont je veux donner une explication métaphysique[2]. Mon travail ne prendra que quelques feuilles d'impression, mais, pour écrire ces quelques feuilles, il m'a fallu lire toute la littérature ancienne et moderne sur le sujet. En général, continua-t-il, en lisant certains de mes écrits qui ne tiennent qu'un petit nombre de pages, on ne se douterait pas des longues recherches qui ont précédé. Mais je n'ai jamais travaillé autrement, voulant toujours me rendre parfaitement maître de la question avant de prendre la plume. C'est ainsi que tout un hiver j'ai vécu avec

---

1. Artémidore, écrivain grec de la fin du IIe siècle, a beaucoup voyagé, et a eu des succès en pratiquant tous les arts de la divination. Son *Onéirocritique* a été souvent traduite et remaniée.
2. Voir l'essai *Ueber Geistersehn*, au premier volume des *Parerga*. Traduction d'Auguste Dietrich : *Essai sur les apparitions*, Paris, 1912. Réédité sous le titre : *Essai sur les Fantômes*, Criterion, 1992.

les tragiques grecs pour écrire quelques pages sur la tragédie, au second volume du *Monde comme volonté et comme représentation*. Une autre fois j'ai fait un vrai cours d'harmonie pour ma *Métaphysique de la musique*. »

Lorsque je revis Schopenhauer, il me fixa les jours de la semaine et les heures où je pouvais me présenter chez lui. J'eus aussi l'occasion de passer souvent avec lui l'après-midi, ou de l'accompagner dans ses promenades. Je gardais ordinairement vis-à-vis de lui une attitude passive ; je me bornais à écouter ; j'interrompais très rarement ; car, d'un côté, c'était une jouissance de l'entendre, et d'ailleurs je savais qu'il n'aimait pas la contradiction. Je me fis expliquer ainsi divers points de sa philosophie. Il avait un art particulier pour rendre les choses visibles ; il avait toujours une image à sa disposition pour présenter une idée abstraite, et sa pensée se traduisait dans ses gestes, dans les mouvements de son corps, dans l'expression de sa figure.

Dans la conversation, il passait avec une extrême facilité de sa personne à sa doctrine, et réciproquement. C'est ainsi qu'il me dit un jour : « La plupart des livres durent peu. Ceux-là seuls vivent, où l'auteur s'est mis lui-même. Dans toutes les grandes œuvres, on retrouve l'auteur. Dans mon œuvre à moi, je me suis *fourré* tout entier[1]. Il faut qu'un écrivain soit le martyr de la cause qu'il défend, comme je l'ai été. »

Il disait à cette occasion : « On voit à ma tête que j'ai beaucoup travaillé dans ma vie. Le travail se lit sur ma figure. » Et il racontait qu'un Anglais, assis en face de lui à table d'hôte, l'ayant regardé quelque temps, sans le connaître, avait fini par lui dire : « Monsieur, vous devez avoir accompli une grande œuvre. »

Un trait du caractère de Schopenhauer, c'est la ténacité qu'il mettait dans ses résolutions et dans ses entreprises. Je pus m'en rendre compte lorsqu'il travaillait à la seconde édition de *la Quadruple Racine du principe de la raison suffisante*. Il me disait alors qu'il voulait profiter de cette occasion pour châtier, comme ils le méritaient, les professeurs de philosophie, et il me cita, comme exemple quelques passages du livre. Il craignait cependant que sa vivacité ne l'entraînât trop loin et ne lui attirât un procès ; il avait même consulté un avocat pour savoir jusqu'à quel point il pourrait aller. Je lui conseillai de bannir de ses traités scientifiques

1. *Stecke ich selbst ganz.* – Je suis moy-mesme la matière de mon livre *(Montaigne)*.

toute allusion personnelle, et de réserver sa polémique pour un ouvrage spécial. Je lui dis : « Pourquoi, dans la première édition du *Monde comme volonté et comme représentation*, vous êtes-vous tenu si haut ? C'est parce que vous avez toujours procédé objectivement, étant uniquement occupé de votre sujet. Un ouvrage scientifique fait pour l'humanité entière doit rester libre de tout ce qui est purement subjectif, de toute sortie contre les contemporains. Présenter à quelqu'un des vérités scientifiques en les couvrant d'invectives, c'est lui offrir un fruit savoureux en lui montrant le fouet. »

Schopenhauer me répondit : « Oui, dans la jeunesse, on peut être sublime à ce point, mais dans la vieillesse il en est autrement. J'ai possédé pendant vingt ans cette haute vertu, et j'ai gardé le silence ; mais aujourd'hui je veux exercer de sang-froid mon ressentiment. Au reste, continua-t-il, votre comparaison n'est pas juste. D'abord, mon fouet n'est pas pour le lecteur, mais pour les professeurs de philosophie. En second lieu, mon fouet est entouré d'un fil d'or, comme la corde que le sultan envoie à ceux à qui il ordonne de se pendre. Platon a-t-il ménagé les sophistes dans son *Protagoras* ? et Giordano Bruno ne dit-il pas, dans *La Bestia triunfante*, qu'il faudrait couper la tête à ses adversaires et leur en mettre une autre[1] ? »

Schopenhauer me raconta qu'au temps où, à Dresde, il était occupé de son ouvrage principal, il avait quelquefois des allures si étranges qu'on le prenait pour un fou. Un jour, se promenant dans les serres du Jardin botanique, et tout absorbé dans ses réflexions sur la physionomie des plantes, il se demandait d'où venait la variété des formes et des colorations dans le monde végétal, et quelle était, en somme, « la volonté » qui se manifestait dans toutes ces fleurs et ces feuilles. Il parlait sans doute à haute voix, et il attirait par sa gesticulation l'attention du gardien. Celui-ci fut enfin très intrigué de savoir quel était ce singulier visiteur : « Qui êtes-vous ? lui demanda-t-il. – Ah ! répondit Schopenhauer, si vous pouviez me le dire, je vous en serais reconnaissant. » C'est sans doute un fou, pensa le gardien.

« Le genre humain, me dit un jour Schopenhauer, est condamné par la nature à la détresse et à la ruine, car, lors même que les gouvernements trouveraient moyen d'opposer une barrière à l'injustice et à la misère, et de créer

1. Il va sans dire que Schopenhauer ne suivit pas le sage conseil de son disciple. La seconde édition de *La Quadruple Racine*, criblée d'invectives, est la seule qui figure dans les œuvres complètes.

artificiellement une sorte de vie de Cocagne, les hommes se battraient entre eux par ennui, et s'entretueraient, ou bien la surpopulation créerait la famine, l'usure et la mort. »

Je lui dis un jour que dans certains arts l'humanité paraissait déjà avoir atteint la perfection. Les Grecs avaient excellé dans la sculpture, les Allemands dans la musique. On ne pouvait donc espérer aucun progrès nouveau dans ces arts, Schopenhauer me répondit : « Le génie est individuel ; il peut donc, à côté de Mozart et de Beethoven, se produire des œuvres originales. Considérez aussi que l'humanité, dans son ensemble, est encore très jeune. Il n'en est pas de même dans la philosophie ; il faut bien que celle-ci, un jour ou l'autre, atteigne son point culminant. »

« Après moi, disait-il, on pourra bien encore progresser en largeur, mais non en profondeur. »

Une autre fois il disait : « Il n'y a pas d'autre chemin pour arriver à la solution des grands problèmes de la métaphysique que celui que j'ai ouvert. Finalement, il faudra bien que l'on vienne à moi. Dans ma jeunesse, au temps où je terminais la première édition du *Monde comme volonté et comme représentation*, je voulais faire graver sur mon cachet un sphinx se précipitant dans l'abîme, car j'étais persuadé d'avoir résolu l'énigme du monde. »

Je demandai un jour à Schopenhauer s'il n'avait jamais pensé à se marier. Il me répondit qu'il en avait eu plusieurs fois l'occasion, mais qu'il n'en avait jamais rien été, et qu'il ne l'avait pas regretté ; car, dans le joug du mariage, disait-il, il aurait pu difficilement écrire ses ouvrages. En amour, il n'était nullement un saint ; il m'avoua même que les femmes l'avaient toujours fort occupé, et qu'en Italie, par exemple, il avait cultivé non seulement le beau, mais encore les belles.

Il distinguait deux espèces de physionomies, la physionomie intellectuelle et la physionomie morale. La première réside dans les yeux et dans le front, la seconde dans la bouche et dans le menton. Il m'avoua sans détour qu'autant sa physionomie intellectuelle lui plaisait, autant sa physionomie morale lui déplaisait. Il trouvait sa bouche et son menton en désaccord avec l'expression de ses yeux et de son front.

Il partageait les esprits en trois catégories : 1° ceux qui, par leurs propres moyens, savent trouver et créer le vrai ; ils sont très rares ; 2° ceux qui ne savent pas créer le vrai par eux-mêmes, mais qui le reconnaissent quand on le leur présente ; ceux-ci encore ne sont pas nombreux ; 3° ceux qui ne savent ni créer ni reconnaître le vrai ; c'est la grande masse.

Dans la seconde classe il rangeait Reinhold et Auguste-Guillaume Schlegel, lesquels, à la vérité, n'avaient rien créé d'original, mais qui avaient reconnu l'originalité dans Kant et dans Goethe[1].

Il me dit un jour que, dans la composition de ses œuvres, il n'avait nullement pensé à la gloire, mais qu'il avait obéi uniquement à une impulsion intérieure, à une nécessité de sa nature. Il s'était conformé au dicton espagnol : *je suis qui je suis*, qui était devenu pour lui une règle de conduite, et il avait agi sans se soucier des suites de son action.

Il considérait le désir de la gloire comme un trait fondamental de la vieillesse. Chaque âge, disait-il, a sa passion, l'objet vers lequel se porte le « vouloir vivre ». Dans la jeunesse, c'est l'amour ; dans l'âge mûr, c'est la puissance et la possession ; dans la vieillesse, c'est la gloire. C'est ce qui reste aux vieillards, quand tout autre sentiment s'est éteint. Même dans les situations les plus humbles, ils aiment à se vanter ce qu'ils ont fait ; et qui est-ce qui n'a pas eu dans sa vie un jour où il a fait quelque chose dont il puisse se vanter ?

« Les professeurs de philosophie, disait-il un jour, n'ont pas le temps de s'instruire, parce qu'ils dispersent trop leur activité. Ils

---

1. Karl Reinhold, gendre de Wieland, a beaucoup contribué à répandre les doctrines de Kant par ses *Lettres sur la philosophie kantienne*, qui parurent d'abord dans le *Mercure allemand*, ensuite en deux volumes, à Leipzig, en 1790-1792.

sont fonctionnaires, ils font de la politique, ils voyagent. Celui qui veut apprendre quelque chose, doit mener une vie plus ramassée. »

Pour cette raison, il ne tenait pas Leibniz en grande estime. « On veut, disait-il, le faire revivre aujourd'hui, on en publie des éditions nouvelles, et on le comble d'éloges, comme si c'était une grande lumière. Mais quand un homme est, comme lui, toujours en mouvement, qu'il se fait l'analyste de la maison de Brunswick, etc., ce n'est déjà plus, à mes yeux, un philosophe. »

« La théologie et la philosophie, disait-il, sont comme les deux plateaux d'une balance. Quand l'une descend, l'autre monte. Plus notre époque est incrédule, plus elle se sent portée vers la philosophie, et alors, il faut bien qu'elle vienne à moi. »

Je lui dis : « Vous n'espérez pas cependant que votre philosophie devienne jamais populaire ? – Non, répondit-il, mais il faudra toujours une philosophie. Le besoin métaphysique est aussi enraciné dans l'homme que le besoin physique. »

Schopenhauer appelait Schiller et Byron des poètes subjectifs, Goethe et Shakespeare des poètes objectifs, et il mettait ceux-ci au-dessus des autres.

Il s'étonnait que Shakespeare, qui était si grand comme poète, n'ait été qu'un acteur ordinaire.

Il déplorait la décadence du goût. Au théâtre, on ne veut plus entendre, mais voir. De là vient que dans les comédies actuelles il y a plus d'action que de dialogue. Dans les bonnes comédies d'autrefois, dans celles de Molière par exemple, le dialogue domine.

Il appelait le *Tristram Shandy*, le *Wilhelm Meister*, le *Don Quichotte* et *la Nouvelle Héloïse* les quatre grands romans. Il mettait le *Wilhelm Meister* au premier rang, en tant que « roman intellectuel[1] ».

« Je ne voudrais pas vivre, disait Schopenhauer, s'il n'y avait pas de chiens au monde. Ce qui me rend la société de mon chien si

1. On pourrait disputer sur ces quatre « grands romans », qui appartiennent à quatre nations différentes, et qui paraissent se présenter chacun comme la plus haute expression de l'esprit d'une nation. *Tristram Shandy* a-t-il la même popularité que *Don Quichotte*, et mérite-t-il d'être placé au même rang ? *La Nouvelle Héloïse* représente-t-elle l'esprit français en général, ou seulement l'esprit français d'une époque ? Sur *Wilhelm Meister*, les opinions varient ; George Sand l'appelle le plus beau des romans ; Edmond Schérer y voit le comble de l'ennui. Enfin, pour un lecteur anglais, *Tristram Shandy* doit-il être préféré à *Gulliver* ou à *Robinson*, et, pour un lecteur français, *la Nouvelle Héloïse* est-elle supérieure au *Grand Gargantua* ? Voilà bien des questions, auxquelles on peut répondre diversement. Toute classification en littérature est plus ou moins arbitraire.

agréable, – et, en disant cela, il le caressait de la main, et il le regardait dans les yeux, – c'est la transparence de son être. Mon chien est transparent comme un cristal. » Et à ces mots il rattacha aussitôt sa théorie de la différence entre l'homme et l'animal. L'animal n'est déterminé que par ce qui frappe ses sens, et il dépend uniquement de l'impression du moment, tandis que l'homme, qui est doué de raison, a la faculté d'obéir à des motifs abstraits. L'homme peut se rendre indépendant du moment actuel ; il agit par réflexion, mais aussi par dissimulation[1].

(*Arthur Schopenhauer. Von ihm. Ueber ihn, Ein Wort der Vertheidigung* von Ernst Otto Lindner, und *Memorabilien. Briefe und Nachlasstücke* von Julius Frauenstädt, Berlin, 1863.)

---

1. Le chien de Schopenhauer, son compagnon inséparable, fut d'abord un bel épagneul blanc. Il mourut en 1849, et eut pour successeur un chien brun de même race, que Schopenhauer prit tout jeune et qu'il éleva. L'un et l'autre portaient le même nom : ils s'appelaient Atma, c'est-à-dire, en sanscrit, Âme du monde. Il semblait que la même âme vivait en eux. – Une des rares poésies de Schopenhauer est consacrée à l'éloge du chien : « Je ne m'étonne pas qu'on calomnie les chiens : – trop souvent hélas ! l'homme n'a qu'à rougir devant le chien. »

Karl Bœhr
(1856-1858)

Karl Bœhr était fils d'un professeur à l'Académie des Beaux-Arts de Dresde, un vieil ami de Schopenhauer. L'université de Leipzig, où il faisait ses études, ayant mis au concours une « exposition critique des principes de la philosophie de Schopenhauer », il crut pouvoir profiter des souvenirs de son père, et se mit sur les rangs. Il n'obtint pas le prix ; il est probable que son jugement fut trouvé trop favorable ; mais sa dissertation fut « couronnée » par Schopenhauer, ce qui ne lui sembla pas moins flatteur. Celui-ci le félicita d'avoir su reproduire ses idées, non pas avec les mêmes termes, comme un écolier qui redit les paroles du maître, mais sous la forme libre et personnelle d'une chose qu'on s'est assimilée et qu'on a faite sienne. Et comme Schopenhauer ne manquait aucune occasion de se rattacher à Kant, il ajoutait : « Vous avez plus de kantisme dans votre tête que six professeurs de philosophie réunis. » Karl Bœhr devint plus tard avocat et « notaire royal » à Dresde. Il épousa une nièce de Todleben, le défenseur de Sébastopol. C'était une nature généreuse et un esprit cultivé. Il tenait de son père le goût des arts, il était bon juriste, il s'intéressait aux œuvres philanthropiques. Il mourut en 1893. Sa première rencontre avec Schopenhauer eut lieu en 1856. Deux ans après, il passa trois semaines à Francfort, et il vit Schopenhauer presque journellement.

Avril 1856. – Je devais me rendre à Heidelberg pour commencer mon cinquième semestre à la Faculté de Droit. Je voulus profiter de mon passage à Francfort pour faire la connaissance de Schopenhauer. Je me rendis donc chez lui. Il vint au-devant de moi, me demanda des nouvelles de mon père, et me fit asseoir à côté de lui sur son sofa.

La conversation tomba sur le professeur Weisse. Schopenhauer me demanda si Weisse n'était pas partisan de la première philosophie de Schelling.

« Non, de la dernière, dis-je, et il a d'abord été hégélien. – Ah ! fit-il, de la dernière ? C'est donc un apôtre de la révélation[1], et, à propos

1. La dernière philosophie de Schelling, un essai de conciliation entre le panthéisme et la révélation chrétienne, devait remplacer non seulement les systèmes de Fichte et de Hegel, mais encore sa propre philosophie d'autrefois, la doctrine de *l'identité*, de l'accord entre le moi et le non-moi, entre l'esprit

de révélation, continua-t-il après un instant, il faut que je vous montre quelque chose de très intéressant et de très rare. »

Il alla chercher, dans un coin de la chambre, une statuette représentant une figure assise, à peu près haute d'un pied, en fer ou en cuivre, mais peinte en noir, assez semblable à une pagode chinoise. Il la posa devant nous sur la table, et me demanda d'un ton mystérieux si je devinais ce que c'était.

« Quelque chose de chinois, pensai-je. – Cette figure, reprit-il, vient probablement du Thibet ; elle a bien cent ans, et représente le Bouddha. C'est une pièce rare, dont vous ne verrez pas de sitôt la pareille, et que je me suis fait envoyer de Paris. Cette figure est pour les bouddhistes ce que le crucifix est pour les chrétiens. Le Bouddha est représenté ici comme un mendiant, assis à la manière asiatique, les yeux baissés, la main droite retombant sur le genou, la main gauche ouverte devant la poitrine pour recevoir des dons. C'est la manière strictement orthodoxe de le représenter. »

---

et le monde extérieur. Parmi les disciples de Schelling, les uns le suivirent dans son évolution, les autres restèrent fidèles à ce qu'il leur avait enseigné d'abord. Schelling était le seul des « trois sophistes » pour lequel Schopenhauer eût quelque ménagement. Christian Weisse était professeur à l'université de Leipzig, et, par la Société philosophique dont il était le président, il avait une grande influence sur les étudiants.

Comme je lui demandais pourquoi le Bouddha était représenté dans l'attitude d'un mendiant, il se mit à raconter la légende, mais d'une manière que je n'oublierai jamais. Ce n'était pas un savant de cabinet, un professeur allemand qui parlait, mais un philosophe par la grâce de Dieu, un sage des temps anciens. Je l'écoutais avec recueillement.

« Oui, disait-il, le Bouddha mendie, le Bouddha est un mendiant ! Oh ! elle est belle, la légende qui raconte comment il fut amené au salut. Élevé dans une demeure royale, vaste et somptueuse, il en sort pour la première fois dans sa vingtième année, et il se trouve en présence de la plus splendide nature qui puisse être étalée devant les regards d'un homme. Il est émerveillé, et il déclare que l'existence est belle. Mais voici un vieillard à la tête branlante (et Schopenhauer imitait le geste), qui s'avance vers lui, et qui semble lui dire : "Regarde-moi ! Tout cela n'est rien !" Le prince, consterné, demande à l'un de ses compagnons : "Qu'est ceci ? – C'est la vieillesse, prince : nous serons tous ainsi." La marche continue, et l'on rencontre un malade qui se traîne au bord du chemin. Le Bouddha demande aux gens de sa suite : "Ceci aussi peut-il nous frapper ?" Ils lui répondent que oui. Le cortège s'avance encore. On voit passer une bière sur laquelle est couché un mort. Le Bouddha n'a jamais vu un homme dans cet état ; il est épouvanté, et demande d'une voix tremblante si tous les hommes seront ainsi faits. Ses compagnons haussent les épaules. "Personne n'échappe à la mort", dit l'un d'eux. "Que dites-vous ? s'écrie le Bouddha ; si notre existence mêne à la vieillesse, à la maladie, à la mort, que sommes-nous ? Je ne veux plus vivre ainsi ; je veux me séparer de vous, allez dans le désert et méditer." Arrivé dans le désert, il congédie encore l'unique serviteur qu'il avait gardé, et il donne la liberté à son cheval, en lui disant : "Toi aussi, tu seras sauvé un jour." Puis il change ses vêtements contre ceux d'un mendiant, et il passe le reste de ses jours dans la méditation et l'abstinence[1]. »

Schopenhauer me raconta qu'un pasteur de Sachsenhausen[2] avait récemment prêché contre lui, sans le nommer, il est vrai, mais en le désignant clairement dans une tirade indignée comme l'auteur d'une théorie nouvelle sur « la Volonté dans la nature ». – « Si ce monsieur, ajouta-t-il, pouvait, à l'aide d'un télescope, jeter un regard dans ma chambre et voir le Bouddha installé sur son socle comme une idole, quels signes de croix ne ferait-il pas sur moi ! »

---

1. On peut rapprocher du récit de Schopenhauer le poème anglais d'Edwin Arnold, *la Lumière de l'Asie*, dont on trouvera l'analyse en appendice à la fin de ce volume.
2. Un faubourg de Francfort.

Puis la conversation s'étendit sur divers sujets. Schopenhauer parla des visites qu'il recevait, des étrangers qui s'informaient à l'hôtel d'Angleterre de la place qu'il occupait à la table d'hôte, et qui le regardaient ensuite comme une bête curieuse. Quelques-uns demandaient même à lui être présentés. Comme un exemple des jugements baroques qu'on portait sur sa personne, depuis que le grand public s'occupait de lui en Italie et à l'étranger, il me cita la tirade d'un écrivain français, qui, parlant du séjour de Schopenhauer en Italie, dans un temps où lui-même était encore au berceau, s'exprimait à peu près ainsi : « Il jouissait des beautés de la nature italienne, envisageait les monuments de l'antiquité, mais il repoussait les hommes et regardait les femmes avec mépris. » À ces mots, Schopenhauer se renversa sur son canapé en riant aux éclats, et à ce moment il me parut tout à fait jeune. « Moi repousser les hommes ! s'écria-t-il. Mais songez donc que j'avais trente ans, et que la vie me souriait. Et quant aux femmes, si seulement elles avaient voulu de moi[1] ! »

La conversation avait duré près de deux heures, lorsque je fis la remarque qu'il devait

---

1. Le passage auquel Schopenhauer fait allusion, et que Bæhr rapporte de mémoire, est tiré de Bartholmess, *Histoire critique des doctrines religieuses de la philosophie moderne*, Paris 1855, livre XIII.

se préparer pour aller dîner. « Oui, dit-il, en regardant sa montre placée sur la table, il est déjà midi et demie. » Il me reconduisit jusqu'à la porte, et comme je devais repartir le lendemain, il me souhaita bon voyage.

Trois semaines à Francfort. Mai 1858. – Ce n'est qu'en 1858 qu'il me fut donné de revoir Schopenhauer. Il n'était nullement changé ; il montrait au contraire une vivacité étonnante de corps et d'esprit. Il avait la plus ferme confiance dans l'avenir ; il croyait même que la suite de ses jours était réglée par un arrêt irrévocable du destin. Ce n'était pas la vieillesse lourde et pâle dont il avait fait un si triste tableau dans la dernière page des *Parerga*. Il venait de sortir de la sphère de Jupiter, et il espérait exercer encore, sous le signe de Saturne, une action longue et forte[1]. Il se croyait privilégié parmi des milliers d'hommes, non seulement par les dons de son esprit, mais par sa santé, qui devait le mener infailliblement à quatre-vingt-dix, sinon à cent ans. Il sentait en lui cette vigueur enflammée, le *vigor igneus* que

---

1. « Les anciens astrologues ont cru à tort que chaque destinée individuelle était tracée dans les étoiles ; mais le cours de la vie humaine en général est très bien représenté par la succession des planètes. » (*Aphorismes sur la sagesse* ; chap. VI, *Des différents âges de la vie)*. Mercure règne sur l'enfance, Jupiter sur l'âge mûr, Saturne sur la vieillesse, Uranus ouvre la porte du ciel.

Virgile attribue aux ancêtres de son héros, et qui est la marque du génie.

Il fut confirmé dans sa confiance en une longue vieillesse par un rêve qu'il avait eu dans les premiers jours de son établissement à Francfort. Son père, pour lequel il avait une vénération particulière, lui était apparu, et lui avait promis par un geste symbolique une vie longue et glorieuse dans sa nouvelle résidence[1]. Ainsi la pensée de la vieillesse, qui remplissait d'inquiétude ses admirateurs, était pour lui exempte de souci. « Voyez-vous, me dit-il encore, quand un homme a soixante-quatorze ou soixante-quinze ans, on parle d'un grand âge. Peu d'hommes passent la soixante-quinzième année. D'après cela, je n'aurais plus que cinq ans à vivre. Bah ! nous verrons bien. Chacun peut se tromper, mais il me semble que j'ai encore vingt ans devant moi. »

Le résumé de ses idées sur la fin de sa carrière était qu'il vivrait assez pour jouir de la confusion de ses détracteurs, qu'il verrait encore tomber autour de lui des œuvres éphémères qui avaient séduit un instant l'attention, tandis qu'une génération nouvelle s'inclinerait avec respect devant sa tête grise.

---

1. « Les détails de ce rêve me sont sortis de la mémoire. Je me souviens seulement vaguement que son père se tenait devant lui, dans la cour de sa maison, un flambeau à la main. » *(Note de Bœhr.)*

Le 1er *mai 1858*. – Schopenhauer me fit remarquer, comme un fait caractéristique, que sa philosophie avait trouvé un accueil particulièrement favorable dans certains cercles catholiques. Cela venait, pensait-il, de ce que cette philosophie rendait justice au catholicisme, plus qu'aucune autre depuis le temps des scolastiques, qui, du reste, étaient plutôt théologiens que philosophes. « Le Sauveur, ajoutait-il, a, dans le culte catholique, plus d'importance que le Jéhovah juif ; Jésus-Christ et Marie sont les figures qu'on adore de préférence, tandis que le Dieu créateur est assis sur son trône au haut du ciel, tranquille et inactif, regardant d'un air digne ce qui se passe au-dessous de lui. »

Schopenhauer ne cessait de répéter que sa philosophie était la première qui eût mis en lumière la vertu de l'ascétisme. Il prit un petit livre qui se trouvait sur son pupitre, et dit avec une certaine vivacité : « Il faut que je vous montre tout de suite une chose qui est venue fort à propos confirmer mes idées. »

Je croyais, naturellement, qu'il voulait parler d'un livre nouveau qui venait de paraître, quand je lus sur le titre les mots : *Deutsche Theologie*.

« Connaissez-vous ce livre ? dit-il. – Non », répondis-je. Alors il se mit à raconter : « Voyez-vous là, de l'autre côté de la rivière, à Sachsenhausen, cette vieille maison grise où le peintre Lunteschütz a installé son atelier ? Là vivait au XIIIe siècle un chevalier, qui, le premier, a enseigné "la négation de la volonté". Son livre subit des accidents divers, et arriva enfin par hasard dans un vieux couvent, où, comme il était écrit en langue vulgaire, on lui donna dédaigneusement le titre de *Théologie allemande par un Francfortois*. On en fit des remaniements, qui le défigurèrent plus ou moins. Moi-même je l'ai lu pour la première fois, quand j'avais à peu près votre âge, dans une version qui, toute défectueuse qu'elle était, fit une profonde impression sur moi. Le texte original est difficile à comprendre pour celui qui n'a pas, comme moi, une profonde connaissance de la langue anglaise, car vous savez que l'anglais a été tiré de l'allemand au VIe siècle. L'édition que j'ai ici entre les mains est de 1851, et a été tirée à 250 exemplaires. Il en a paru encore une autre édition, avec une traduction en allemand moderne. Oui, l'auteur de ce livre, avec Eckhart et Tauler, voilà ma parenté intellectuelle ; il y a seulement cette différence que, dans la *Théologie allemande*, tout est résumé, tandis que les autres ont délayé leurs sermons dans de gros volumes[1]. »

---

1. L'auteur du livre de *la Théologie allemande* était un religieux de la « Maison allemande », ancien domaine de

Il m'apprit encore qu'il avait fouillé la vieille maison dans tous ses recoins, pour découvrir une inscription, un souvenir, une trace quelconque du chevalier, qu'il considérait comme un prédécesseur, mais en vain. Il en parlait avec une émotion si vraie, qu'on aurait dit qu'il l'avait connu personnellement.

Sa gouvernante entra en disant : « Monsieur le docteur, il est midi. »

Le 9 mai 1858. – Je demandai : « Que pensez-vous de la statue de marbre de Goethe par Marchesi, qui se trouve dans le vestibule de la bibliothèque ?

« – Elle est très belle ; Goethe est représenté assis, comme il convient, et en costume antique. Les généraux et les conquérants peuvent se tenir debout, les savants, et les écrivains doivent être assis. J'ai vu l'œuvre de Marchesi avec Ottilie, la belle-fille de Goethe. Nous en avons été tous deux très émus. "Oui, disait-elle, c'est bien lui, c'est bien le père." Le monument de Schwanthaler ne représente que monsieur le conseiller privé. Tout le monde est mécontent de ce Goethe, même mon tailleur, qui remarqua avec beaucoup de justesse que la redingote est

---

l'ordre Teutonique, à Sachsenhausen. L'ouvrage est de la fin du XIVe siècle. L'édition moderne accompagnée d'une traduction en haut allemand a paru à Stuttgart en 1855. La connaissance de l'anglais n'est d'aucune utilité pour l'intelligence du texte original.

boutonnée à l'envers. Peut-être est-ce un trait d'esprit de l'artiste. Les écrivains manquent souvent d'argent, et alors il peut leur arriver de faire retourner une vieille redingote, et voilà les boutons qui sont placés à contre-sens. »

Je fis remarquer que la tête du Goethe de Schwanthaler était très belle.

« – Peut-être, mais c'est toujours monsieur le conseiller. Ajoutez la couleur noire du bronze et la hauteur exagérée du socle. En Italie, on pose les statues à ras du sol. Ici il semble que l'artiste ait voulu faire en sorte qu'on ne distingue rien. »

Le 15 mai 1858. – Schopenhauer s'étonnait que je n'eusse pas lu le *Gil Blas*. Il me fit connaître brièvement le contenu de ce roman et le caractère de l'auteur, et il remarqua que Lesage avait cela de commun avec d'autres grands écrivains, de n'avoir pas été pendant sa vie un favori de la fortune, et de n'avoir trouvé qu'auprès de la postérité la considération qu'il méritait.

À propos de Lesage, il se rappela un petit poème dramatique de Goethe, intitulé *La Vie terrestre de l'artiste,* et notre conversation prit alors une tournure particulière, où se révéla tout le fond de son âme. Le poème de Goethe contient deux scènes caractéristiques, dont l'une montre l'artiste dans la gêne de son existence matérielle, et l'autre sa brillante apothéose dans la mémoire des hommes. Je fus obligé d'avouer que ce poème aussi m'était inconnu. Alors Schopenhauer m'en cita le contenu, et il récita les vers suivants avec une émotion qui m'alla au cœur.

« Un ami qui eût partagé mes joies, – un prince qui aurait su apprécier le talent, – m'ont malheureusement manqué. – Au couvent, j'ai trouvé des protecteurs inintelligents ; – et c'est ainsi que, plein de zèle, sans connaisseurs – et sans élèves, je me suis tourmenté[1]. »

Il revint sur ce passage dans le cours de notre conversation, en relevant surtout les deux derniers vers. Je compris, sans qu'il eût besoin d'y insister, ce que le ton de sa voix et l'expression de sa figure disaient assez. La destinée de l'artiste de Goethe, c'était sa destinée à lui, non pas au point de vue de la pauvreté, mais au point de vue de l'abandon et de l'oubli où le laissaient ses contemporains. C'est donc en vain qu'il s'occupait des plus hauts problèmes de l'humanité : nul ne lui en était reconnaissant.

---

1. *Ein Freund, der sich mit mir ergetzte,*
Ein Fürst, der die Talente schâtzte,
Sie haben leider mir gefehlt ;
Im Kloster fand ich dumpfe Gönner ;
So hab'ich, emsig, ohne Kenner
Und ohne Schüler mich gequält.
Ces vers se trouvent dans *l'Apothéose de l'artiste,* qui fait suite à *la Vie terrestre.*

Dans le même ordre d'idées, il cita une anecdote. On joue un drame au théâtre de Florence. La scène représente un palais. Les grands génies de l'Italie se rencontrent aux Champs-Elysées. On voit apparaître le Tasse, Dante, Pétrarque, et dans le nombre on entend nommer aussi un poète vivant, Métastase. Mais voici qu'un vieillard mal habillé se lève au milieu du parterre, frappe le sol avec sa canne, et s'écrie sur un ton courroucé : « *Io sono Metastasio, io sono Metastasio !* » C'était le poète lui-même qui, en présence de son apothéose anticipée, semblait évoquer devant les spectateurs le contraste de sa pauvreté réelle.

« Oui, dit Schopenhauer, les voilà tristes et besogneux, ceux que vous vanterez un jour comme les génies de l'humanité, ceux dont vous ferez vos idoles. Regardez-les : c'est *La Vie terrestre de l'artiste.* À quoi leur servira votre hommage, quand ils seront couchés dans la tombe ? Venez-leur en aide, aussi longtemps qu'il leur reste un estomac pour la digestion, et des lèvres pour le baiser ! »

(*Gespräche und Briefwechsel mit Arthur Schopenhauer, aus dem Nachlasse von Karl Bähr*, herausgegeben von Ludwig Schemann, Leipzig, 1894.)

Visite d'un étudiant
(1857) Beck

Le soixante-dixième anniversaire de la naissance de Schopenhauer fut l'occasion d'un mouvement de sympathie parmi ses premiers disciples. Les félicitations lui arrivèrent de toutes parts. Un étudiant de Francfort, nommé Beck, qui fut plus tard membre du Conseil de la ville, lui envoya, sans se nommer, un bouquet accompagné d'une poésie. Son secret fut trahi par le peintre Lunteschütz, et quelques jours après il reçut de Schopenhauer une invitation, à laquelle il s'empressa de se rendre. Il raconte ainsi sa visite :

Ce fut le professeur Daumer, le traducteur de Hafiz, qui appela d'abord mon attention sur Schopenhauer et sur *Le Monde comme volonté et comme représentation* ; c'était, à son avis, ce qui venait de paraître de plus important dans le domaine de la littérature philosophique. Je commençai à lire cet ouvrage dans mes soirées, et j'en fus tellement captivé, que j'en perdis le sommeil. Je n'avais pas éprouvé depuis ma première jeunesse un tel enchantement. Je m'étais occupé de philosophie, je m'étais familiarisé avec les œuvres de Platon, avec celles de Kant, et j'étais ainsi parfaitement préparé pour comprendre Schopenhauer.

Toutes sortes d'anecdotes couraient sur lui et sur sa personne ; on le représentait comme un homme violent et inabordable. Quant à moi, encore tout jeune garçon, et sans savoir qui il était, j'avais été frappé de sa tête caractéristique et du feu de son regard. Il portait en été un habit noir d'une coupe démodée, et en hiver un manteau à plusieurs petits collets, comme on les avait au temps de l'Empire. On secouait la tête et on le suivait du regard, quand on le voyait passer avec sa démarche rapide, s'arrêter un moment en murmurant devant lui des paroles inintelligibles, ou s'entretenir avec le chien qui était son compagnon habituel. On le tenait pour un homme dont la tête n'était pas bien équilibrée, et l'on ne savait trop que faire de lui. Et c'est dans ce personnage énigmatique que je devais reconnaître maintenant l'auteur du livre qui m'enchantait ! Je rôdais autour de la maison donnant sur la *Schöne-Aussicht*, dans l'espoir de le voir apparaître un instant à sa fenêtre, et j'enviais presque l'épagneul qui avait le bonheur de vivre constamment auprès de lui. A la fin, je ne pus résister au désir que j'avais de le connaître personnellement. Le 21 février 1857, je composai une petite poésie, que je lui fis remettre le lendemain avec un bouquet, pour le soixante-dixième anniversaire de sa naissance. Je n'osais me nommer, mais le peintre Lunteschütz, à qui je m'étais confié, trahit mon secret, et peu de jours après je reçus par la cuisinière de Schopenhauer une invitation à venir le voir. Le cœur me battait fort, lorsque je franchis le seuil, et je ne fus pas plus rassuré quand une voix de tonnerre me cria : « Entrez ! » Me voilà donc en face de mon idole ! Je dis mon nom, il me tendit la main, et m'engagea à m'asseoir à côté de lui sur un vieux sofa recouvert en cuir.

« Votre poésie est fort jolie, me dit-il, elle m'a fait grand plaisir, ainsi que votre bouquet, dans cette saison d'hiver, et je vous en fais tous mes remerciements. »

Il dit ces mots sur un ton tellement cordial, que je fus pleinement rassuré.

« Vous vous appelez Beck, continua-t-il. J'ai connu à Weimar une actrice qui portait ce nom, et qui fut décorée de la Légion d'honneur, pour avoir soigné les blessés pendant la campagne de 1813. Elle n'était pas belle, mais elle était excellente comédienne. Était-elle votre parente ? »

Je répondis que non, et je lui demandai s'il avait assisté aux représentations du théâtre de Weimar sous la direction de Goethe.

« J'ai souvent été à Weimar, reprit-il, et j'y ai vu d'excellentes représentations, mais le décor était souvent fort défectueux. Dans *La Flûte enchantée*, qui, par la beauté du sujet et de la musique, aurait mérité d'être bien montée, on ne voyait, à la place de la riche colonnade qu'on nous montrait à Francfort, que de misérables cabanes groupées autour d'un sphinx colossal, et les Génies, au lieu de paraître comme des messagers ailés, portaient des crinolines comme des cloches. Et les costumes ! Macbeth et Wallenstein portaient le même manteau de pourpre. Goethe, le premier, insista pour que les personnages parussent avec le costume de l'époque. Les actrices, comme toujours, ne pensaient qu'à attirer les regards des hommes par leurs toilettes. L'une d'elles, une blonde merveilleusement belle, qui avait su charmer Goethe lui-même, apparut un jour dans le rôle de Mina de Barnhelm avec un petit chapeau fort coquet et à la dernière mode. Goethe, qui aux répétitions était toujours assis au premier banc pour suivre de près le jeu des acteurs, s'élança tout furieux sur la scène, lui arracha son chapeau, le foula aux pieds, et s'écria : "Vous n'avez donc pas plus de souci du chef-d'œuvre de Lessing que de votre damnée coquetterie !" Goethe régnait en despote sur son théâtre, il ne laissait passer aucune négligence, aucune fausse interprétation, aucune exagération, et il reprenait souvent la moindre faute avec rudesse. Il faut avouer aussi qu'il eut beaucoup de peine à guérir les acteurs de leur accent de terroir, à les habituer à dire convenablement le vers, à les exercer à la déclamation tragique comme on l'exige actuellement. L'ensemble était toujours parfait au théâtre de Weimar. Les acteurs eux-mêmes ont rendu justice à la direction de Goethe, malgré le régime sévère qu'il leur imposait, et l'un d'eux, Laroche, que j'ai vu à Francfort, occupe maintenant un des premiers emplois du Grand Théâtre de Vienne. »

Je lui parlai de mes premières études philosophiques ; je m'étais d'abord attaché à Schelling ? je m'étais beaucoup intéressé aux écrits d'Oken et de Steffens sur la philosophie de la nature ; ensuite Spinoza m'avait attiré dans son cercle magique ; enfin un de mes amis, grand admirateur de Hegel, m'avait engagé à lire les œuvres de ce philosophe.

« Vous auriez mieux fait de les jeter au feu que de perdre votre temps à les lire, s'écria-t-il ; ce charlatan a empoisonné toutes les cervelles allemandes avec son maudit grimoire. »

En même temps, ses yeux jetaient des éclairs à faire peur. Mais quand je lui dis que je m'étais retiré aussitôt de cette atmosphère malsaine et que je m'étais rasséréné dans les jardins fleuris du platonisme, que je m'étais enfin adressé à Kant, qui m'avait dessillé les yeux et m'avait fait voir le monde sous un jour nouveau, alors sa physionomie reprit une expression de bienveillance et de douceur.

« Eh oui, dit-il, cet esprit gigantesque balaye devant lui toutes les insanités que ses prétendus successeurs ont eu l'impudence d'offrir au monde comme un complément de sa doctrine. »

« C'est alors, continuai-je, que votre ouvrage m'est tombé entre les mains. J'en fus comme enivré ; je ne pus plus m'en détacher ; je vécus désormais dans l'abondance des idées nouvelles qui m'étaient présentées dans une langue claire et animée d'un souffle de poésie. Je compris enfin ce que c'était que la *chose en soi* de Kant, cette énigme mystérieuse qui se cache sous les apparences du monde phénoménal. »

Schopenhauer inclina la tête d'un air satisfait. « Vous étiez dès lors bien préparé pour me lire, dit-il. J'ai continué d'élever le monument gigantesque dont Kant a posé les fondements pour l'éternité ; je crois aussi avoir éclairé d'une lumière nouvelle les Idées du divin Platon. Ajoutez-y encore les écrits de la sagesse indienne ; je vous les recommande expressément, et vous serez en possession de tout ce que je crois nécessaire pour la complète intelligence de ma doctrine. »

Je lui dis que je m'étais occupé quelque temps des mystiques allemands, que j'avais cherché à comprendre les tirades éloquentes, quoique souvent obscures, de Jakob Boehme, que maître Eckhart, Tauler et *la Théologie allemande* ne m'étaient pas inconnus, que j'avais lu les biographies de Mme Guyon et de Mme Bourignon, enfin que j'avais découvert quelques perles dans *le Pèlerin angélique* d'Angelus Silesius[1].

« Tout cela est très bien, dit-il ; j'ai souvent cité ces écrits, surtout cet excellent livre de *la Théologie allemande ;* mais cela n'empêche que ces messieurs regardent toujours par les lunettes du dogme chrétien. Dans l'Inde, la vue est plus libre. Aussi je vous recommande avant tout de lire attentivement les *Upanishads*, dont vous trouverez dans la bibliothèque de notre ville une traduction latine faite par Anquetil-Duperron[2]. Vous ne verrez chez moi aucune

---

1. Le romantisme a donné un regain de popularité aux mystiques allemands du XIVe et du XVIIe siècles. Tauler a même été traduit en français. Le livre anonyme de *la Théologie allemande* a été comparé à l'*Imitation de Jésus-Christ*. Luther le tenait en grande estime, et en a écrit une préface.

2. Les *Upanishads* sont des traités philosophiques rédigés par les Brahmanes, et qui sont considérés comme un complément des Védas ; la traduction latine d'Anquetil-Duperron parut en deux volumes, en 1804. Les citations

image de saint chrétien, aucun crucifix, et pourtant j'ai aussi mes pénates. J'ai longtemps cherché à me procurer un Bouddha ; enfin le conseiller Krüger a pu acheter pour moi à Paris un Bouddha venant du Thibet. Il était primitivement recouvert de laque noire ; je l'ai fait dorer, et j'ai bien recommandé qu'on ne prenne que de l'or pur, sans regarder à la dépense. »

Il me montra un Bouddha assis, qu'il avait posé sur une console dans un coin de sa chambre. J'eus alors l'occasion de regarder autour de moi. Au-dessus du sopha était pendu un portrait à l'huile de Goethe. Sur son pupitre était placé un buste de Kant. Beaucoup de portraits garnissaient les murs. Shakespeare, Descartes, Claudius et Kant étaient réunis sur une même feuille. Il y avait aussi des gravures représentant des animaux, et dans le nombre je crus reconnaître un Ridinger[1]. Lorsqu'il vit que je considérais ces gravures avec attention, il me dit :

« Je possède toute une collection de pièces de ce genre, mais il faut que je les conserve dans des cartons. Goethe avait imaginé pour sa collection un arrangement très pratique. Il

---

qu'en fait Schopenhauer sont surtout empruntées à la dissertation placée en tête du premier volume.

1. Peintre et graveur, directeur de l'Académie des Beaux-Arts d'Augsbourg, mort en 1767.

avait fait appliquer aux murs de grands cadres, dans lesquels son domestique devait chaque jour glisser des pièces nouvelles, afin que lui-même et ses invités pussent les considérer bien à loisir. Dans le domaine de la peinture d'animaux, il y a encore beaucoup à faire pour un artiste capable, mais il faut qu'il unisse l'esprit observateur du naturaliste au regard de l'artiste ; il faut qu'il saisisse avec une entière netteté la physionomie de l'animal, qu'il sache le surprendre dans sa situation caractéristique, qui ne dure parfois qu'un instant, et grouper tous ces éléments dans son imagination pour en faire un ensemble vivant. Les Anglais sont des maîtres en ce genre, de même qu'ils excellent dans la caricature, qui se rapproche de la grimace des bêtes. »

Un côté de la chambre était garni de daguerréotypes, qui représentaient Schopenhauer dans des attitudes diverses.

« Ils ne sont pas réussis, disait-il ; l'auteur était un gâcheur, aussi je lui ai donné son congé. Celui-ci me paraît le meilleur : c'est aussi l'avis des personnes qui l'ont vu. »

Comme je considérais le buste de Kant, il dit : « C'est un bon ouvrage, et je suis heureux d'avoir près de moi l'image de l'homme qui a exercé une si grande influence sur ma vie et sur ma pensée. Je possède encore de lui une relique d'un prix inestimable. »

Il m'apporta un livre. « C'est un exemplaire de la *Critique de la raison pratique*, dont Kant se servait pour ses cours, et qui porte des notes marginales de sa main. Je ne l'ai qu'à titre de prêt, et je le dois à la complaisance d'un ami, à qui il doit revenir après ma mort. »

Schopenhauer vint ensuite à parler de ses propres ouvrages. Un de ses partisans lui avait écrit qu'il en faisait son livre de chevet, qu'il s'en servait pour son édification matin et soir, comme un pieux chrétien de sa Bible.

« En résumé, ajouta-t-il avec un sourire de satisfaction profonde, mon heure est venue ; je l'ai attendue avec résignation et avec confiance, mais maintenant elle est là. Messieurs les professeurs de philosophie ne peuvent plus m'ignorer, m'accabler de leur mépris haineux. On me lit maintenant partout, on me demande mon portrait de tous côtés. Suchsland veut me faire graver sur une même feuille avec Kant. Le conseiller Krüger a demandé mon portrait à Hamel ; le portrait est manqué ; le jeune homme a du talent, mais il m'a fait ressembler à un maire de village. On me dit que Krüger l'a mal payé ; il a eu tort. Une œuvre d'art a son prix en elle-même, ce n'est pas comme une valeur de bourse. Les *Deux Amis* de Meissonier ont été payés très cher, mais c'est une œuvre excellente. Rembrandt ne s'est-il pas fait passer pour mort auprès des riches amateurs de son temps pour hausser le prix de ses tableaux ? Nos peintres se plaignent de n'avoir pas de débit, mais ils devraient régler leurs exigences sur la bourse des acheteurs, et puis ils sont très paresseux. Quant à moi, je suis difficile à peindre. J'ai une physionomie trop mobile. Il faut que l'artiste sache rendre l'esprit du modèle. Lunteschütz aussi m'a peint. On considère le portrait comme bon, mais je suis trop idéalisé. N'a-t-il pas voulu me mettre un livre entre les mains ? Il travaillait pour un riche propriétaire, qui l'a payé vingt-cinq louis ; il en fournit une copie pour vingt louis. Dans ma jeunesse, un portrait se payait couramment dix louis à Dresde ; le meilleur peintre n'en demandait même que douze. Maintenant, voici encore Goebel qui veut faire mon portrait, et il sera bon, je l'espère. J'ai vu de lui un tableau, qui a été très admiré à la dernière exposition : c'était une vieille paysanne lisant dans son livre de prière. Goebel est un réaliste, et paraît avoir pris Courbet pour modèle. Courbet est un artiste tout à fait distingué, mais le socialisme de son *Enterrement à Ornans* et de son *Casseur de pierres* me répugne. Il est, du reste, excellent peintre de portraits. »

Je demandai à Schopenhauer s'il ne possédait pas un portrait de lui du temps de sa jeunesse, il m'en montra un de son âge mûr, qui le représentait dans un costume antique.

Je lui demandai encore s'il n'en avait pas un du temps où il écrivait ses premiers ouvrages.

« J'en possède un, dit-il avec un air de mystère, mais je ne le montre pas volontiers.

« – Dans ce cas, dis-je, je ne veux pas être indiscret.

« – Je vous le montrerai, dit-il, à vous. »

Il m'apporta un petit portrait très finement peint, et je remarquai qu'il m'observait avec ses grands yeux pour voir mon impression.

« Il y a quelque chose qui vous frappe, dit-il, et je vois bien quoi : ce sont les cheveux roux.

« – Assurément, puisque je ne vous ai jamais vu qu'avec des cheveux blancs.

« – Je n'ai jamais eu des cheveux roux, répliqua-t-il, j'avais des cheveux absolument blonds. Le peintre n'a pu les reproduire que sur un fond rouge, mais ensuite, le portrait étant exposé à une lumière trop vive, la couche supérieure a disparu, et le fond rouge est resté seul. Le portrait passera à la postérité, et, pour éviter tout confusion, j'ai écrit sur le revers, en latin, en allemand, en français, en anglais et en italien, ces mots : je n'ai jamais eu des cheveux roux. »

Il me demanda quels étaient ceux de ses ouvrages que j'avais lus.

« D'abord, répondis-je, *Le Monde comme volonté et comme représentation*.

« – Il faut que vous les lisiez tous, dit-il ; il faut que vous lisiez chaque ligne ; je ne me suis jamais répété ; j'ai quelquefois traité une question par ses différents aspects, et, dans des développements métaphysiques un peu ardus, j'ai tâché de me faire comprendre par une extrême clarté de style, et quelquefois par une image. »

Le moment était venu où il avait l'habitude de prendre son repas de midi à l'hôtel d'Angleterre. Je remarquai qu'il regardait sa montre, et je compris qu'il était temps de prendre congé. Il me tendit la main, et je le remerciai vivement de la permission qu'il m'avait donnée de venir le voir. J'avais encore bien des choses à lui dire, et je lui demandai un peu timidement si je pouvais revenir.

« Je vous recevrai volontiers, me répondit-il, mais je suis souvent occupé le matin. Le mieux serait que vous vous informiez auprès de ma gouvernante si je suis libre. »

Je le remerciai encore, et, en m'éloignant, je me rappelai la parole de Goethe dans *Goetz de Berlichingen* : « C'est une volupté de voir un grand homme. »

Eduard Grisebach,
Schopenhauers Gespräche,
Berlin, 1898

Vers inédits

Weimar, 1808

SONNET

La longue nuit de l'hiver ne veut pas finir ;
Le soleil s'attarde comme s'il ne devait jamais venir ;
La tempête hurle et le dispute aux hurlements des hiboux ;
Les armes s'entrechoquent sur les murs décrépits.

Et les tombeaux entr'ouverts envoient leurs fantômes :
Ils veulent, pour m'attirer dans leur ronde,
Effrayer mon âme, et qu'elle n'en sorte jamais.
Mais je ne veux pas tourner sur eux mes regards.

Le jour, le jour ; voilà ce que je veux annoncer.
Nuit et ténèbres fuiront devant lui.
L'étoile du matin déjà l'annonce.

Bientôt, il fera clair au plus profond de l'abîme,
Et jusqu'au lointain sans limites
Le monde resplendira d'un bleu profond

LES ROCHERS DE LA VALLÉE DE SCHUARZBOURG

Rudolstadt, 1813

Tandis que je me promenais solitaire, dans la vallée, d'une pente boisée,
Par un jour ensoleillé, je remarquai les formes découpées d'un rocher
Qui saillait, tout grisâtre, sous la folle végétation des enfants de la forêt.
Et voici ce que j'ai entendu à travers le murmure du ruisseau écumant sous les bois,
C'était un puissant rocher qui saluait ainsi les autres :
Réjouissez-vous avec moi, mes frères, ô vous les fils aînés de la création,
Car aujourd'hui la lumière du soleil vivifiant joue autour de nous
Tout aussi chaude et aussi douce que lorsqu'il apparut pour la première fois
Et se révéla à nous aux jours enfantins du monde.
Depuis, et maintes fois, l'hiver qui se traîne lentement,
Nous a coiffés de casquettes de neige et fait des barbes hérissées de glaçons.
Depuis aussi, beaucoup de nos redoutables frères,
Étouffés sous l'effort de notre ennemi commun,
La race envahissante et parasite des plantes, filles passagères du temps,
Beaucoup, hélas ! profondément enfouis et enterrés, ne sentiront plus jamais
Cette lumière réjouissante que jadis ils contemplaient avec nous,

Il y a mille et mille ans avant que, de la pourriture sortit cette nouvelle engeance
Qui déjà, ô frères, nous menace de la destruction,
Et se presse et nous assiège de tous côtés.
Ô tenez ferme, mes frères, et unissons-nous fortement,
Et levons ensemble nos têtes pressées vers le soleil, pour que longtemps il nous éclaire.

RAYON DE SOLEIL, À TRAVERS LES NUAGES, DANS LA TEMPÊTE

Ô comme tu es paisible dans la tempête qui courbe et saccage tout autour d'elle,
Et ferme, impassible, silencieux, toi, rayon du soleil réchauffant !
Souriant comme toi, comme toi doux et ferme dans l'éternelle sérénité.
Le sage traverse paisible la tempête des cris et de l'angoisse humaine

LE MATIN DANS LE HARZ

Lourd de vapeurs, noir de nuages,
Il regarde autour de lui, le Harz, tout sombre
Et le monde, qui semble affligé.
Vient là-dessus un rayon de soleil
Qui lui sourit,
Et tout devient joie et amour.

Il se pose au flanc de la montagne,
Là il s'arrête silencieux, il s'arrête longtemps,
Dans une profonde, une éternelle volupté !
Puis il monte jusqu'au faîte de la montagne,

Il entoure maintenant tout le faîte.
Oh ! que la montagne aime le soleil !

Dresde, 1815

À LA MADONE DE LA CHAPELLE SIXTINE

Elle l'apporte au monde et il regarde, saisi d'effroi,
L'égarement du chaos dans son horreur,
La férocité sauvage dans ses débordements,
L'incurable folie dans toute sa force,
La douleur toujours inapaisée, dans ses multiples tourments.
Il est saisi d'effroi. Pourtant son regard qui perce l'avenir
Resplendit de sérénité, de foi, de l'éclat de la victoire,
Car il a l'éternelle certitude de la Rédemption qui vient

À KANT (1820)

(Le jour où Kant disparut, il faisait un ciel si clair, si pur de nuages qu'on en a peu vu, chez nous, de pareils.
Seulement, au zénith, une petite vapeur mince et légère se leva dans l'azur du ciel. On raconte qu'un soldat, en passant sur le pont, l'observa longtemps et se mit à dire : « Voyez, c'est l'âme de Kant qui s'envole au ciel. »)

Je regardais vers toi dans le ciel bleu,
Dans le ciel bleu où ton vol s'évanouit,
Je reste seul maintenant dans le tourbillon.

Pour me consoler, j'ai ta parole, j'ai ton livre pour me consoler.

Par toi, j'essaie d'animer pour moi la solitude,
Par tes mots si pleins qui résonnent en mon âme.
Car tous ceux qui m'entourent me sont étrangers.
Le monde m'est désert et la vie longue.

L'ÉNIGME DE BERLIN (1829)

C'est un kobold que nous avons requis à notre service
Pour nous assister dans tous nos besoins.
Dans la misère, nous serions tous morts
S'il ne nous avait apporté chaque jour son aide.

Mais il faut le mener d'une main ferme
Pour que sa puissance nous reste assujettie ;
Il ne faut pas le perdre une minute des yeux
Et le laisser sans surveillance.

Car ses actes sont pleins de malice et d'une ruse infernale.
Il couve le mal, il médite la trahison,
Il prépare de longue main ses forfaits effroyables
Contre notre vie et notre bonheur.

S'il réussit à rompre l'attache
Et qu'il se libère d'une longue et pesante sujétion,
Alors il a soif de venger sa servitude
Et sa fureur égale sa jubilation.

Il est maintenant le maître et nous sommes ses serviteurs.

En vain nous essayerions maintenant de chercher
À rétablir l'ancien ordre des choses.
La sujétion est brisée, le lien est rompu.

La sauvage fureur de l'esclave est déchaînée
Elle remplit tout alors de ruines et de sang
En un éclair, en quelques heures effroyables,
Elle dévore le maître et sa maison.

LE VASE DE FLEURS (1831)

Vois, comme nous fleurissons peu de jours, à peine quelques heures,
Me murmure une troupe brillante de fleurs.
Pourtant nous n'avons pas d'effroi, en approchant du sombre Orchus,
En tout temps nous renaissons ; nous sommes éternelles comme toi.

LA PIERRE LYDIENNE (FABLE)

Sur une pierre noire recouverte d'or
Un trait jaune arriva à s'effacer.
Ce n'est pas de l'or vrai, crièrent-ils,
Et ils jetèrent l'or avec du vil métal.

Il se trouva plus tard que cette pierre,
Quoiqu'elle fût à la vérité de couleur noire,
N'était pas de celles qui supportent l'or : et l'or fut réhabilité.
Il n'y a que les véritables pierres qui puissent conserver le véritable or.

Francfort-sur-le-Main, 1837.

À CAROLINE JAGEMANN (1808)

Le chœur parcourt les ruelles
Nous nous trouvons devant ta maison
Mon mal se changerait en joie
Si tu regardais par la fenêtre

Le chœur chante dans la ruelle
Les pieds dans l'eau et dans la neige
Enveloppé dans un manteau léger
Je regarde vers ta fenêtre.

Le soleil est caché par les nuages
Mais la lueur de tes yeux
Me remplit dans cette froide matinée
D'une chaleur divine

Ta fenêtre est cachée par le rideau
Tu rêves sur un coussin de soie
Du bonheur d'un amour futur
Connais-tu le jeu du destin ?

Le chœur parcourt les ruelles
C'est en vain que mon regard reste
Le rideau cache le soleil
Ma destinée est obscurcie par les nuages.

Table

PREMIÈRE PARTIE

C. Challemel-Lacour.. 19
Frédéric Morin.. 49
Comte Louis-Alexandre Foucher de Careil. 83

DEUXIÈME PARTIE

Frauenstœdt (1846-1847).................................. 103
Karl Bœhr (1856-1858) 119
Visite d'un étudiant (1857) Beck 133
Vers inédits.. 147

Dans la série « Le Passeur Poche » *(suite)*

Katia Chapoutier, *La vie après le suicide d'un proche*
Katia Chapoutier, *Les vies secrètes de Paris*
Henriette Chardak, *La passion secrète d'une reine*
Jean-Yves Clément, *Les deux âmes de Frédéric Chopin*
Stéphane Degonde, *J'ose entreprendre !*
Joëlle Désiré-Marchand, *Alexandra David-Néel, passeur pour notre temps*
Nicolas Dufetel, *Tout le ciel en musique*
Harvey J. Fields, *La Torah commentée pour notre temps*
Florence M.-Forsythe, *Tu me vertiges*
Alain Gagnol, *Un fantôme dans la tête*
Patrice Gourrier, *Deviens ce que tu es*
Anselm Grün, *Oser la vie et le liberté*
Jean-Pierre Guéno, *Antoine de Saint-Exupéry, le Petit Prince, c'est toi*
Francis Huster, *Albert Camus, un combat pour la gloire*
Francis Huster, *L'Énigme Stefan Zweig*
Emmanuel Jaffelin, *Osez la gentillesse en entreprise*
Jacques Lacarrière, *Ne lâchons pas la proie du soleil pour l'ombre des écrans*
Frank Lanot, *Une balle de colt derrière l'oreille*
Nadine Laporte, *Nicolas Bouvier, passeur pour notre temps*
Franz Liszt, *Tout le ciel en musique*
John Main, *Méditer chaque jour et trouver la paix intérieure,*
Jean-Michel Maulpoix, *Le voyageur à son retour*
Béatrice et François Morinière, *Et le ciel devient familier*
Frédéric Nietzsche, *Il faut vivre dangereusement*
Michel Onfray, *Vivre une vie philosophique*
Laurence Roux-Fouillet, *La sophrologie au travail*

George Sand et Eugène Delacroix, *Je serais folle de vous si je ne l'étais d'un autre*
George Sand et Gustave Flaubert, *Tu aimes trop la littérature, elle te tuera*
Nathalie Sarthou-Lajus et Jean-Pierre Winter, *Peut-on croire à l'amour ?*
Jean-Pierre Siméon, *La poésie sauvera le monde*
Henry D. Thoreau, *Histoire de moi-même*
Pascal Tonazzi, *La grande histoire de Notre-Dame dans la littérature*
André Tubeuf, *Bach ou le meilleur des mondes*
Bertrand Vergely, *Transhumanisme : la grande illusion*
Gilles Vervisch, *Peut-on réussir sans effort ni aucun talent ?*
Gilles Vervisch, *Star Wars, la philo contre-attaque*

cet ouvrage a été composé
en palatino corps 11
par nord compo
à villeneuve-d'ascq.

achevé d'imprimer
par l'imprimerie cpi bussière
à saint-amand-montrond, en mars 2021,
pour le compte du passeur éditeur.

Dépôt légal : janvier 2021.
N° d'imprimeur : 2056737
Imprimé en France.